好きな芸人が もっと好きになる。

～人生エピソード157～

今村荘三

浪速社

■好きな芸人がもっと好きになる。―目次

〈TV芸人〉

■カバーデザイン　岡田文章

オレ、毎日が夢中やねん。
いっぺん、夢中で生きてみぃ。

（明石家さんま）

鼻水はリアクション芸人にとって、ダイヤモンド！

（出川哲朗）

いま見ているものを正しいと思った時点で、
そいつの時代は来ないでしょ。

（ウーマンラッシュアワー　村本大輔）

俺が話す時に、絶対テロップだすな！

（明石家さんま）

TV芸人

嫁にしたい女芸人

アジアン《アジアン》 馬場園　梓

M－1決勝戦進出やMBS新世代漫才アワードでの優勝など、実力派女性コンビへの道を歩んでいるのが、アジアンである。早口言葉を活かしたテンポのある掛け合いなど、歯切れいい漫才をする。そのボケ担当が馬場園梓で、ぽっちゃりと小太りな体型だ。

しかし、気立ての良さとチャーミングな笑顔から、芸人によるアンケートで「嫁にしたい女芸人」の1位に選ばれた。

楽屋で月亭八方師匠に会うと「君を愛人にしたい」といつも誘われる。

得意にしているのが料理だ。

さらにレポーターの仕事で、おいしそうに食べる表情が絶妙で、先輩に「馬場園ごと食べたくなる」とほめられた。

今年、彼女はなんと友近を抜いて、吉本べっぴんランキング1位を獲得した。

一方、相方の隅田は、悔しい2年連続の吉本ぶちゃいく女芸人1位だった。

しかし、隅田自身はブサイクと思ったことがなく、馬場園の「ブサイク言いすぎ」が原因で一度解散している。

隅田は自分を「仕事でブスのふりしているだけのビジネスブス」と固く信じている。（最近、東京のイケメンと朝まで強い酒を飲むようになって、寝坊して仕事に遅れることがかさなり、芸能活動を休止。いま婚活にはげんでいるという）

馬場園は、昨年、Wエンジンのチャンカワイに好きだと告白し、恋愛関係に発展。

彼は三重県出身で、高校3年の時、吉本の漫才イベントで優勝したが、20歳で上京した。

「電波少年」に髭男爵の山田ルイ53世と一緒に出演した経験がある。

コントでは、もてない男がほれてしまう役をやり、その決め台詞が「ほれてまうやろ～」。

実生活でも一度も女性と交際した事のない彼が、馬場園からの「ほれてまうやろ～」的なアプローチで、まんまとラブラブ状態になってしまった。

デブ同士の汗かきな2人が今や、恋のエンジン、かかりっぱなしだ。

最近も雪の降った寒い日に、2人ともTシャツ1枚でグラタンを食べていたそうな。

いま芸能界で、最高に暑苦しいカップルと呼べるだろう。

（2011年4月）

※（チャンカワイは馬場園と破局して、2015年1月に一般女性と結婚した）

一か八か、大いなる賭け

雨上がり決死隊
宮迫　博之

進行が早く命の危険もあるスキルス胃がんから奇跡の生還をしたのが雨上がり決死隊の宮迫博之である。相方の蛍原とコンビ結成2年目に、吉本印天然素材のリーダーに抜擢された。

しかし、アイドル人気を求めて1日8時間も本格的なダンスの稽古をさせられ、不満がたまる一方だった。「お笑いがやりたいのに」。破裂したのは定期公演の打ち上げだ。演出家から「君たちがめざす目標は橋爪功だ」と言われ、「それって、方向性が違いすぎる」と反発した。天然素材のリーダーとしてメンバーみんなの気持ちを代弁し、「僕やめます」と啖呵を切った。

するとFUJIWARA藤本が近づいてきて、「今すぐ謝って。俺たちの給料なくなるで」。東京で再スタートするが、仕事がなく収入が激減した。東京には今田先輩とナインティナイン岡村しか友達がいなくて、2人がたまに海外ロケに行くと、部屋にぽつんと1人。

することがなく運を天にまかせようと、赤信号を目をつぶって渡ろうとしたら、急ブレーキをかけたトラックから「死にてえのか、バカヤロー」。軽く「はい」とうなづくと「死んじゃダメだってぇ」。無意識の自殺未遂だった。

この苦しい東京時代、辛くても弱音を吐かず「俺はオモロイし、絶対やってやるぞ」の気持ちは隠し持っていた。秘めた自信があった。

辛い日々を抜け出すために、心に一人誓ったこと。それは、「どんな先輩の誘いも断らない」。深夜でも朝早くでも行った。誘いが重なったら、1人目から思いっきり飲んでこっそり吐き、2人目の店に飛んで行った。高熱の時でも行った。

先輩とのつながりを最優先し、チャンスを待った。ついに、その時が来た。

山崎邦正の家の集まりに呼ばれ、ダウンタウン松本に初対面した。そこでトランプ遊びをやり、負けるたびに「オレのアホー」と自分の頬をビンタすると松本が笑ってくれた。

そして番組「ガキの使い」に初めて呼ばれた。台本は、宮迫の司会がヘタで最後に山崎がキレるというもの。しかし宮迫は一世一代の冒険、全く違うことを考えた。宮迫は相方の蛍原には事前に「一か八か。ダウンタウンさんにキレられたら芸人終わりや。覚悟してや」。

予定の進行を無視して、なんとダウンタウン松本と浜田に暴言を吐き、殴ったりけったりの無茶をしたのだ。スタッフはビックリ。でもダウンタウンはキレずに展開を楽しんでくれた。

この時こそ芸能界での復活をかけた「2度目の自殺未遂」かもしれない。視聴率が20%を超え、次の週に仕事が5本入ってきた。起死回生の賭けだった。生きてて良かった。

しかし運悪く、まさかの生命の危機……。

珍しく仕事のない休日ができて、たまたま人間ドックに行った所、緊急手術を宣告され、それを蛍原に告白したのは大晦日の特番『笑ってはいけないシリーズ』で司会をしていた時。

そこで心底、「一番笑えない」のは、宮迫本人だった。

（２０１６年６月）

彼女が去り、趣味だけが残った

アンガールズ
田中《アンガールズ》　卓志

元ヤンキース黒田の「快投乱麻」に酔いしれ今年23年ぶりの優勝を願うのが、広島出身のカープファン・アンガールズ田中卓志である。広島県府中市出身。

最近のカープ女子の盛り上がりを受け、2回目のアメトーーク「広島カープ芸人」が19日に放送される。1回目の田中のカープあるあるは「カープ選手は釣り好きになり、正月に釣り番組が放送される」だった。

広島大学生の頃、広島市民球場でジュース販売のバイトをしていた。

相方の山根とは旅行サークルで知りあい、東京でコンビ「アンガールズ」を結成。

シュール漫画風のヘタウマコントが「キモかわいい」と人気になった。

ジャンガジャンガの身振りは、プロレス武藤敬司のパクリである。

田中は188センチの長身で、国立大学卒業の高学歴だ。

そしてお金持ちの3高タレント。

なのに、モテない。独身の39歳。

好意を見せた女性に交際を申し込むと、何故かすぐ断られる。

今や、「ハゲが止まらない」心配が強まるばかりだ。でも、本人は女性に積極的な肉食系で、

「きれいな容姿」と「バカな女性はダメ」の基準はゆずらない。

憧れの女性は真鍋かをりらしい。

高望みが過ぎる。

趣味は多彩で、紅茶、コケの栽培、バイオリン、囲碁。好きになった女性に近づくために女性の趣味にはまり、彼女が去って趣味だけ残るパターンが多い。

普段のキモキャラと真逆のすました表情でアフタヌーンティーを味わい、一言「香りのヌケがいいですね」。

雨の日の夜に神社でコケを採取し、好きすぎて食べる。

好きな女性のために30万円のバイオリンを買ったがすぐ逃げられ、3年たっても上達しないまま。

囲碁は5年かかって、普通の人が2ヵ月でとれるアマ18級。

モテない男の悪あがきかも……。

最近モテない寂しさをまぎらすために、風呂の排水溝にたまった抜け毛を丸めて、風呂の壁に投げて遊んでいるそうだ。

力の抜けた「脱力ネタ」が売り物だけに、「抜けた物」への愛着は限りないというお話。

（2015年3月）

アンジャッシュの光の役目

アンジャッシュ
渡部《アンジャッシュ》　健

美人女優・佐々木希と熱愛報道があったのが、アンジャッシュ渡部健である。同じ人力舎所属のおぎやはぎ矢作は、「渡部さんが大金星と言われているが逆で、佐々木が大金星だ。あのものすごくもてる渡部さんを口説き落としたのだから」。渡部は「芸能界一もて男」で「グルメでもの知り」と非の打ちどころのない男で、マルチな趣味をいかした活動をしている。相方の児嶋は「もの知らず」なダメ芸人。マルチとポンコツが組んだコンビを支えているのは俺だと、渡部は考えている。「アンジャッシュの光の役目を頑張れば、芸能界で長く生きていける」と。

渡部は、高校の同級生だった児嶋から「お笑いの相方はぜひ君に」と誘われコンビ結成。実際は、児嶋が芸人志望でＪＣＡに入ったが相方が見つからず、声をかけた5人目が渡部だった。

アンジャッシュはお互いが勘違いして話が進む「勘違いコント」で人気をえて、ＮＨＫ爆笑オンエアバトルでは毎回高得点をあげ高く評価された。ところで勘違いといえば、児嶋が「勘違い男」で、何を思ったかジャニーズに履歴書送ったり、天然キャラなのにカッコつけたりと……。

渡部は向上心が旺盛で、グルメほかの趣味を開拓し広げて、多彩な活動をしている。

まず、グルメ。芸能界きっての食通で年間５００店舗以上まわり、グルメ本『芸能界のアテンド王が教える最強の店77件』まで出版した。自身の食べ歩きブログ「わたべ歩き」を含め、本当におすすめしたい店を厳選して公開している。で、おすすめの店は「女性といった店ばかりです」と豪語。時間ができると「漁港部」と称して後輩を連れてあちこちの漁港に寿司を食べに行き、「美味い店がある」と聞くと北海道でも九州でも飛んでいく。ちなみに最近一番よく遊ぶ人は？と聞かれ、「意外かもしれませんが、一番食べに行くのは寺門ジモンさん」。

一方、児嶋は鶏肉豚肉牛肉の区別ができず、キャベツとレタスの違いもわからない。

渡部が興味をもつのは、夜景鑑賞、恋愛心理学に、魚。そして、年間60試合も見に行くほどの高校野球ファン。試合の見過ぎで各球団のスカウトマンと顔見知りになるほどだ。

一方、児島が興味を示すと流行がすたるというジンクスがある。でも、黒沢清監督映画「トウキョウソナタ」で演技力が認められ、最近、俳優の活動が多くなっている。渡部は「ドラマに出たい」と事務所に直訴しているが、声がかからない。どこか、わざとらしく見えるとか。

それに比べ、児嶋の演技は自然でいいと評判だ。さらにイジられキャラとキレ芸が愛されて、バラエティ番組で活躍。バナナマン設楽がいじり、明石家さんまがわざと名前を間違って「児島だよ」と叫ぶキレ芸が人気だ。さんまとは麻雀仲間で、児嶋はプロ雀士の資格を持っている。

渡部は「アンジャッシュの光（渡部）と影（児嶋）みたいな感じでやってきたけど、バラエティで児島の方が面白いのは、わかってた……。児嶋はのびのびやってるけど、俺は、のびのびやってない」。お笑いの世界では、影の役回りの方が愛されやすく、面白く化けることがよくある。もしかすると渡部こそ、お笑いの世界では、ちょっとした「勘違い男」なのかも……。

一夜にしてスター

今いくよ・くるよ
今 くるよ

若手芸人の悩みを聞き、すすんで良き相談相手となっているのが、女性漫才師の今いくよ・くるよ。顔が女子フィギュアスケートの鈴木明子に似ている方が、今くるよである。

出会いは、明徳女子商業高校だった。名門の女子ソフトボール部で厳しい練習に耐え、意気投合した。

2人とも就職し、くるよはその明るい性格から職場の同僚に「吉本に行ったら」と言われ、その気になる。

いくよを誘い履歴書を送るが、返事がない。

しびれをきらして、いくよに聞くと「私、来たよ」。

いくよの面接に無理やりついていくと、試験官から漫才やれと指示された。

それで、やったネタが「秋も深なったなあ」「何メートルくらい?」。これだけ。

試験官があきれて、「これじゃ、10年かかるなあ」。

なんとか合格し、師匠が必要だということで、唯一知っていたやすし・きよしの名前を出すと、「あかん。ライオンの檻の中に、生肉ほうりこむようなもんや」。

それで島田洋之助・今喜多代師匠に弟子入りした。

芸名は師匠が「きたよ」だから、「いくよ、くるよ」。実に単純なもの。

師匠の後押しで、うめだ花月に出演する。

その時たまたま見ていた吉本の社長が、余りの受けなさに「あの子ら、降ろせ」。

それから3年、全く仕事がなかった。

暇なので時間がたっぷりあり、スナック勤めを始める。昼は漫才師、夜はスナックのママ。

そのスナックの名前が「ファイト&ファイト」。やる気だけはたっぷりあった。

売れない日々が続いた後に、「花王名人劇場」出演の一報が来た。

出来が悪いとオンエアされないという条件だった。

2人はこれで駄目なら漫才をやめようと誓った。

国立演芸場で熱演し、くるよが太ったお腹をポンッと叩くと、ドレスのボタンがバチ〜ンと弾け飛んで、場内が爆笑の渦に。

やすしは、「今日の中で№1」と大絶賛した。

一夜にしてスターになった。

以降、日本中から営業に呼ばれ、つけられたあだ名が「余興の女王」。

日本のあちこちで、くるよが腹鼓をポンポンッと打つと、お金がザックザク！ポンポンザックザク！

くるよが「わしゃ、たぬきかっ」と言ったとか……。


（2012年5月）

お笑い界サラブレットの弱点

海原やすよ・ともこ
海原　ともこ

大阪で日曜レギュラーのTV番組「やすとものどこいこ」で自由気ままにショッピングを楽しんでいるのが、姉妹漫才の海原やすよ・ともこ。そのボケ担当が海原ともこである。

祖母が天才女流漫才師の海原小浜、父も元漫才師の海原かける（相方は今の池乃めだか）、母はマジシャンのワンダーのり子と、芸人一家の血筋。しかも、親子三代とも大阪の栄誉ある賞・上方漫才大賞を受賞している「お笑い界のサラブレッド」である。

ともこはスタイリストをめざしていたが、妹やすよが漫才をやりたがり、父かけるの友達だった中田ボタンに2人で弟子入りした。

ともこ21歳の時で、それから2年間きっちり弟子修行をした。

舞台のスタートは「梅田花月」。養成所のNSC出身が大半で弟子っこが少なく、疎外感を感じ続けた。しばらくして「心斎橋筋2丁目劇場」の芸人に女性が少ないという理由で呼ばれたが、男芸人からのイジメにあった。

楽屋に入ると男達がパタッと話をやめ、誰も話しかけてこないのだ。舞台だけが楽しくて、それ以外は全て苦痛だった。サラブレットだけに漫才の馬力はあるが心はとても繊細で……。

見た目と違い、「傷つきやすさ」は尋常ではないのだ。

当時話題の観客が採点をするネタ番組「すんげー！ベスト10」に半年以上たって初めて呼ばれ、1位をとった。が、出演していた2丁目芸人が全員「弟子っこのくせに」という対抗心をむきだしにして最悪だった。ともこは傷つくことが嫌で、ずっと下をむいていた。

追い打ちをかけるように、心斎橋筋2丁目劇場の舞台では漫才が禁止され、コントだけをする方針が発表された。漫才にこだわるやすよ・ともこと中川家は出演できなくなり、やむなく卒業した。

そこで真剣に引退を考えた。それでも引退しなかったのは、ネタ番組や営業で漫才をすると必ず受けたからだ。

こんな崖っぷちに立たされているうちに吹っ切れ、「楽しんで好きな漫才ができれば最高」の気持ちにたどり着いた。

ともこは元男闘呼組の前田耕陽と結婚して、9年。

結婚してすぐ、ともこが作ったオムライスのタマネギが雑でデカイと注意され、それから一度も料理を作っていない。やはり、私生活でも「傷つく言葉」に弱いのだ。

前田の出演ドラマは全てチェックし、キスシーンがあると「キモッ！」。

6歳の娘と冷たい視線を送る。そして、必ず「もし、ベッドシーンをやったら離婚やで」。虚構のドラマであっても、「傷つけられること」に耐えられない……。

ああ、サラブレッドの悲しい宿命よ。

（2014年8月）

結婚と、看病の日々

海原やすよ・ともこ
海原　やすよ

親子3代続いての漫才師であり、血筋のいい姉妹コンビが海原やすよ・ともこ。そのツッコミ役が、海原やすよである。

やすよは16歳の高校生の時、漫才デビュー。

6年前に結婚したが、夫より6歳年上の姉さん女房である。

その夫は、元近鉄の投手宮本大輔。12年前のドラフトで、近鉄から1位指名（あの岩隈が5位指名だった）されるほど期待の大物だった。

2人の出会いは、2002年の日向キャンプの時。

TV番組「やすよの結婚相手を探せ」に宮本投手が出演し、交際に発展した。

この年、1軍で活躍し、やすよは「幸運の女神」と言えた。

183センチの長身から投げる150キロの速球とキレのいい変化球が一級品だった。

2005年の冬に挙式し、やすよは「女芸人でプロ野球選手と結婚した人はいない。時間があれば手料理をつくります」。

彼は、グローブにYASUYOの文字を入れ、幸せいっぱいだった。

ところが、そのわずか2ヵ月後、信じられない試練が襲う。

沖縄キャンプ中に、難病「黄色靭帯骨化症」と診断されたのだ。

靭帯が硬化して脊髄の神経を圧迫し、歩行困難になる危険まである2万人に一人の病気だ。

手術は12時間の大手術だった。

術後、背中や足の痛みがひどくて自力で動けず、うめくばかり。

やすよは泊まり込みで看病し、1時間ごとの寝返りを必死で手伝った。

やすよの睡眠時間は、30分だけ。

マネージャーや芸人仲間にも告げず、昼にテレビや舞台の仕事を続けながらの看病という壮絶な日々だった。

そして、2年後に一軍昇格。

その夏、1393日ぶりにマウンドへ立ち、3者連続三振。

2年前に戦力外通告を受け、引退した。

いまは飲食関係へ転身し、夫婦の絆はより深くなっている。

宮本は嫁の必死の看病を思い出し、「体が動かないいらだちで、感謝の言葉もかけなかった。

が、嫁は愚痴ひとつ、こぼさなかった」。

年上女房の思いやりの深さ、見くびっちゃいけない。

まして男まさりな女芸人なんだし、ね。


（2011年12月）

嫌われ続けて、人気者に？

村本大輔《ウーマンラッシュアワー》

嫌われ芸人としてTBS情報番組「サンデー・ジャポン」に最近よく出演し、番組スタッフにはまっているのが、ウーマンラッシュアワーのボケ担当、村本大輔である。

今のコンビを組む前に、芸人として『バッ10』。

コンビ解散を10回くり返し、その相方の多くが人間が信じられなくなり、芸人をやめた。

だから、ついたあだ名が「芸人スクラップ工場」。

根っからの性格の悪さを売りにしている。

女癖が悪く、ファンに手をだすだけでは懲りず、ほかの芸人のファンレターを盗み、相手の女性に連絡する。

なのに、人気をいやに気にする。

女子の誘惑にだまされるドッキリ番組にまんまとひっかかり、放送日の延期をスタッフに泣きついた。

理由は「誕生日前で、ファンからのプレゼントが減るから」だと……。

初代「性格の悪い芸人」のチャンピオンに選ばれると、「もっとファンに手を出して、いろんなエピソードをつくりたい」と言い放った。

無防備な発言でよくブログが炎上するが、狙ってすることもある。

ＤＶＤ発売の時、自分のブログを自ら炎上させ、ブログのランキングを上げてから、発売告知をする無節操男なのだ。

こんなに芸人に嫌われている村本があろうことか嫌っているのが、キングコング西野。

売れない若手の頃、大阪難波を歩いていると、20人のファンを連れた同期の売れっ子西野が後ろから「頑張ってるやん」と言いながら去って行ったことが、悔しくて忘れられないという。

コンプレックスのない人生が憎いと思った。

ある日、「韓流のスーパージュニアのイェソンに似てると言われた」とつぶやいたら、イェソンのファンから批判のツイッター集中攻撃を浴び、受けを狙って芸人らしく「イェソンで炎上して、俺めっちゃソン」とダジャレで返したら、あっという間に大炎上した。

これぞ火遊びが過ぎ、いたずらっ子、丸焼けになるの巻!!!

（２０１３年11月）

逆玉からの脱出

大木こだま・ひびき
大木　こだま

「往生しまっせ」「そんな奴、おらへんやろ」「チッチキチ〜」の黄金ギャグを持つのが、大木こだま・ひびきのボケ担当、大木こだまである。

こわもてな容貌だが根は優しく泣き虫で、元祖イクメン。毎朝、娘の登校につきそったり、漫才の出番の間に家に帰り、娘を風呂に入れたりと、娘溺愛パパである。

漫才界一のおしどり夫婦で、嫁は海原さおり。

さおりがアイドル漫才師として先に売れ、こだまは売れずに人一倍苦労した。

大木こだま・ひかりのコンビで「お笑いスター誕生」を10週勝ち抜き、グランプリ獲得。とても幸先よいスタートを切った。

この頃、海原さおりはデビュー間なしだったが、こだまの優しい雰囲気にあこがれ恋心を抱いた。鈍感なこだまは気づいてもいない。

漫才では前途有望だと超期待されたが、相方ひかりの薬物問題により、あっけなく解散。

ここから、こだまの長い苦悩の日々が始まった。以降の売れない日々を金銭的にも精神的にも支えてくれたのが、さおりだった。先に売れっ子になって、収入が何倍も上のさおりの本心を知り、やっとプロポーズ。逆玉という陰口が飛び交う中、結婚した。

中田カウスだけが嫁に「ダンナに人間投資してやってくれ。大丈夫、売れるから」。いつか売れる日が来ると信じて、ネタづくりに励んだ。嫁に迷惑をかけたくないとバイトをさがすと、さおりは「それだけはやめて。あんたが漫才で稼いだ金で生活させてほしいねん」。嫁を食べさせられる漫才をめざして、吉本会長命令のぼやき漫才や新聞ネタを斬る漫才など悪戦苦闘した。が、売れない。

そんなこだまを見かねて、カウスは言った。「お前は時代を追いかけたら、あかん。お前自身の漫才を見つけろ。その一点だけ見ればいい。他のことを考えるな。すると時代が勝手にピタッと来るから。それまで待て」。

たどりついたのは、おばちゃんの生態を観察した「こんな奴おるやろ」漫才だった。

それで、上方漫才大賞奨励賞を受賞した。しかしブレイクまで、まだ大きな壁があった。

それは、流行りのテンポのいい漫才ができないこと。また、カウスは言った。「早口でしゃべる必要ない。ねちっこいしゃべりがお前の良さなんだから」。

それから数年たって、カウスがポツンとつぶやいた。「お前、金のにおいしてるぞ」。

この発言があって1年後、ついに大阪の大きな漫才賞をW受賞。

粘り気たっぷりのこだま節が完成し、ついに嫁の収入も越えた。

カウスの助言、恐るべし。

売れることに関して、カウスは天才的な霊能力を持っているのかも……。　（2012年2月）

あたりまえ体操はブレイクするか

COWCOW
多田　健二

今年1月、「笑っていいとも」で占い師のゲッターズ飯田に運勢を見てもらい、「今年はすごいです。忙しくなり、8年の闇から抜け出せます」と言われたのが、COWCOW多田である。なんと案の定、R－1ぐらんぷりに優勝し、この7月には「あたりまえ体操」DVDが発売されることになった。この先、どんな素晴らしい人生が待っているか、興味津々《しんしん》である。

COWCOWは、ポスト天然素材として結成された6組のコントユニット「フルーツ大統領」の一員として、うめだ花月で活動していた。

が、まだ未熟なうちにアイドル芸人として売り出されたためTV出演しても実力不足が明らかで、いまやCOWCOW以外はすべて解散した。

東京に活動拠点を移した時、個性をアピールするため、派手な伊勢丹柄のスーツを着ることにした。漫才のつかみで「伊勢丹の紙袋で～す」と必ず言うが、第一回のM－1グランプリでは、このフレーズが爆笑をとり受けすぎて、ネタに入るとパタッと受けなくなった。

多田の持ちギャグは、「へーイへイへイ！ショウへイ！」と歌いながら笑瓶カラーの黄色のメガネをかけて振り向くもの。

ある日、東京駅で会った明石家さんまに「へーイへイへイ」と声をかけられ、突然のことでメガネをかけずに振り向くと「メガネが無いとダメ！」と駄目だしされた。

多田は短い一発芸を得意にしていて、そんなギャグで争うライブ「秒殺」を主催してきた。

多田の持ちネタは例えば、楽器を選ぶジャパネット社長「♪カスタネット　クラリネット
俺はカスタネット　タタタ～」とスマートに決めるメロディ付きフレーズが多い。

そこから派生したのが、「S－1バトル」用に作った「あたりまえ体操」だ。

きわめて普通の内容の歌にあわせて体操するもので、すました感じの歌声と上品な振り付けがおかしい。

作曲と歌担当は樋口太陽。昨年は韓国で人気になり、検索1位になった。

代表的なものに、「♪右足だして左足だすと　歩ける」。

居酒屋をテーマに「♪生中生中　生中生中　痛風」。

明石家さんまと組んで「♪おいしいです　ほんまか？ほんまや！」。

最近、関西テレビのCMに出ていて「♪ジャンケンで後から出すと勝てる～」。

このはしゃがないクール系ギャグ体操が、不景気な日本でブレイクするか？

今年中に占い師の予言の結果がわかる。

この結末や、いかに……。

年末が待ち遠しい。


（2012年8月）

インドネシアでは大スター!!

多田《COWCOW》　健二

3年前のR－1ぐらんぷりで優勝し、今や吉本でも上位（30人以上）の後輩芸人を集めた軍団を率いているのが、COWCOW多田健二である。この多田軍団の特色は、福岡出身のパンクブーブー黒瀬など地方出身者が多いこと。多田自身も大阪の枚方出身である。

明るいギャグが売りだが、多田本人は文句言いでキレやすい。

他人のツイッターにダメ出ししすぎて、自分でつぶやけなくなった。

夏の居酒屋で冷房が効きすぎ「寒すぎやろ」と怒り心頭でキレたら、温度は上がったが店員はずっと震えたままだった。

12歳年下のファンだった女性と4年半前に結婚した。

出会いは新宿ルミネの劇場での吉本新喜劇公演である。客席から多田に手をふった女性を見て、「加藤ローサ似だ」と一目ぼれしアタック。1年の同棲期間をへて、7月7日の七夕の日に「結婚しよう、織姫様」とプロポーズした。

新宿ルミネの劇場では、彼女が座っていたシート番号「B20」を愛のパワースポットシートと派手にPRした。「芸人とつきあえるシート」として。

COWCOWコンビでのヒットは、体操のお兄さんの格好で踊る「あたりまえ体操」だ。

生まれたきっかけは、多田の自宅トイレ用に買ったウォシュレットだった。

その取り付け説明ＤＶＤが馬鹿がつく位、当たり前だったのだ。

「便座を便器においてください。ネジを回せば完成です」。

これをお笑いにしよう、と多田が作ったのが体操だった。

この体操がこの1年、インドネシアで大ブレイクした。

ユーチューブで公開し、半年で４５０万ものアクセスがあった。

この数字は日本一の売り上げ「およげ！たいやきくん」と同じだ。

「あたりまえ」は、現地語では「イヤ・イヤラ～」で歌い踊られている。

人気テレビ番組にもたくさん出演し、ジャカルタのＪＫＴ48とも共演した。

「インドネシアなら、売れっ子芸人に勝てる」。

「日本のＡＫＢ48ライブではアウェーだったが、ＪＫＴ48ライブでは男性ファン５０００人の大歓声を受けた」。

そこではなんでも、「デリマカシー（ありがとう）」と答えている。

多田の夢は「体操が世界でヒットして、２０２０年の東京五輪の開会式で『あたりまえ体操』をやりたい。ポール・マッカートニーみたいに」。

それにしても、多田には「Ｂ20」を始め、「数字の20」がつきもので実現するかも……。


（２０１４年12月）

美しきコンビ愛

COWCOW
山田與志（よし）

「あたりまえ体操」でブレイクした結成19年のコンビＣＯＷＣＯＷのつっこみ役が、山田與志（よし）である。Ｒ‐１ぐらんぷりでは４年連続決勝戦に進出し、Ｓ‐１バトルでは月間チャンピオンになり１０００万円獲得した実力派だ。

東野幸治がつぶやく。「漫才、コント、トークが出来てギャグも面白いのに、ＣＯＷＣＯＷはいつ売れるんやろ」と……。

高校ではバンド活動し、追っかけが出るほど女子に人気だった。が、よし本人は、同級生の多田（今の相方）のファンで、多田が吉本の養成所ＮＳＣに入ると聞くと、喜んで入学した。

「多田と一緒」が幸せなんて、こんなに仲の良いコンビも珍しい。

ＣＯＷＣＯＷが売りにしている「カッコつけポーズ」があり、よしの肩に多田が肘をのせ、揃ってゆっくりお辞儀する。要所でモデル風に決めるのが変におかしい。

よしは愛妻家で有名だ。

好きになった当時を忘れたくないので、ずっと妻の写真を撮っている。

きれいな体を忘れたくないので、ヌード写真も残している。

外食に出る前に化粧する妻の姿に、ほれなおしてしまう。

家族大好きで、子供とはお風呂友達。

子供はパパに体を洗ってもらうのを楽しみにしている。

動物好きで、大型犬のための犬小屋として、下北沢に一軒家を借りた。ちなみに、この一軒家の賃料が月25万円で、家族のマンションの家賃が12万円らしい。チグハグでは……。で、この一軒家をギャラリーやライブスペースとして有効利用することを1年前から始めた。

よし自身、多才で多趣味だ。

イラストが得意で、「よしもと写真部」の部長。

映画好きで、「よしもと映画研究部」を創設し、ライブ「映話」まで開催するほど。

今年、相方の多田がR－1ぐらんぷりで優勝するのを、このギャラリーでお笑いライブの観客と一緒に目撃した。

その後、よしはきっぱり宣言した。

『僕はR－1を卒業します。僕は4回かかって最高3位だったのに、相方はたった一回で見事に優勝しました。僕は鼻高々です。ずっと僕がCOWCOWの看板を背負って出場したのは、コンビの面白さを知ってほしかったから。相方はCOWCOWのボケであり、顔です』。

こんな男前なコメントが出せたのは、よしが今でも相方・多田にぞっこん惚れている証拠だ。

よしのコンビ愛は永久に不滅です。

（2012年11月）

競馬番組の顔になった

麒麟 川島 明

色んな映像や芸を見て、誰が実況上手か競う新スタイルのライブ「実況中継のススメ」を10日、下北沢で開催するのが、麒麟・川島明である。

競馬好きで、今年から関西テレビの競馬番組「競馬ＢＥＡＴ」の大役・メインＭＣを担当し、それから派生したイベントである。

川島は重低音の声が売り物なのに信じられないだろうが、実は小さい頃、声が高かった。家の電話に出たら、相手から「お嬢ちゃん、お母さんにかわってね」と言われた。小学校の音楽の時間に歌うと、声が高すぎて笑われた。恥ずかしくて低い声を出すようにしていた。

中学2年に、声がかすれだした。声変りがきて、うれしくて「やったー」と叫んでいると、どんどん声がかすれ低音になった。それが嫌で、ひきこもりになった。

最近では居酒屋で「すみませ～ん」と呼びかけたら、その声の低さに「天の声か」と店員が天井を見上げた。

口も大きく、ビデオテープが口に入るほど。相方の田村がハンバーガーを食べていて、川島が「一口くれ」と言ったら、「お前の一口、半分以上や」と怒られた。

コンビ結成のきっかけは、川島が人見知りするので「何も考えないアホ」を探していた。

養成所でネタを一人でやった帰り、後ろから呼び止められ、「お前おもろいな、コンビ組んだってもええで」と声をかけてきたのが田村だった。

その「上から発言」にアホを感じ、相方に決めた。

コンビ名は「カタカナが多いので一番難しい漢字で目立とう」と考え、候補「薔薇園」「侮辱」「麒麟」から選んだ。でも自分で、コンビ名を書けなかった。

競馬観戦歴21年で、初観戦は16歳。兄にすすめられて見た、名馬トウカイテイオーが骨折から一年の休養明けで奇跡の復活優勝をした有馬記念に感動してファンになった。それが今も長期休養明けＧ１勝利の最長記録だ。

ちなみに大好きなのが外国産馬の牝馬ヒシアマゾン。男勝りが好きなのかもしれない。

昨年の有馬記念ではラストランのオルフェーヴル優勝は当てたが、２着をはずし大損した。馬券は軸馬からの３連単買いが中心で、展開を重視して予想する。

差し馬が好き。

川島も「お笑いレース」ではトップを走らず、じっくり前方を見て、一挙に売れている芸人たちをゴボウ抜きするチャンスをうかがっている。

（２０１４年11月）

大金は不幸のもと

麒麟
田村　裕

段ボールを食う貧乏から、とろけるステーキを味わう贅沢まで、人生の急激なアップダウンを体験したのが、麒麟の田村裕である。

この夏、田村にそっくりの娘が生まれ、「似ないでと願ったのですが。とにかく妻と娘をモームレスにしないように頑張ります」と誓った。

自伝『ホームレス中学生』を出版したのは、もう7年前。家が差し押さえられ、父親が家族皆に「解散」と宣言してからの悲惨な境遇を描いた本で、225万部売れ、印税が2億円入った。

まず、したことは失踪した父親を探すこと。なんと、米超能力者のジョー・マクモニーグルがバージニア州の自宅から遠隔透視して父の居場所を当てた。その再会した父親のために家を買い、兄にはたこ焼き屋開店資金を出した。さらに大きな顔をしたいために、後輩芸人を服屋に連れていき上下一式、数十万円で買ってやった。六本木のキャバクラには連日通い、昼8000円のチャーハンを食べていた。自分を見失い、「金はやっぱり億からやなぁ。100万なんてちっちゃい」と豪語。まわりからは、天狗じゃなくアホ、と陰口をたたかれていた。こんな散財を続けて、1年かからず借金生活に転落した。

その頃、8歳下の女性にプロポーズした。吉本のNGKホールに、夜中2人で忍び込み、舞台の上から客席の彼女に思い切って告白したのだ。彼女の名前が村田で、お好み焼のコテを手に「村田をひっくり返して田村にしませんか」と訴えた。

しかし心の内では、「もう貯金はない。結婚式も吉本に借金するしかない」という苦い現実があった。

漫才もうまくいかない。かわいそうという目で見られ受けなくなった。

また田村はどこでも先生と呼ばれ、勘違いしてしまった。

ふり返って、田村の深イイ人生論とは、「大金を手にすると絶対不幸になる。だって使い方を学校で習ってないから。ラーメン屋でも、一生懸命勉強してこの商売当てるぞと始めた人と、大金が突然入って商売でもしよか、と始めた人では、味に差がつき、一目瞭然。世間はそんなに甘くない。だから当たるなら10万円くらいがいい。今の生活をちょっと変える位の金額が丁度いい」。

そして、「人生で大切なのは老後だ。芸人で売れても老後が不幸ならダメ。だから目標は老後の幸せで、あせらないこと」。

最近は給料の最低記録を更新し続けている。それでも、あせらない。

田村は究極の成功を若くして一瞬つかみ、もう今後どんな大ヒットを当てても喜びはないだろう。「老成」とはこういうことだ。

（２０１４年12月）

お笑いエリートからの逃走

キングコング
梶原　雄太

日曜の昼、伝説の人気番組だった「さんまの駐在さん」を引き継ぐ朝日放送「熱血！人情派コメディ　しゃかりき駐在さん」で主役を任されているのが、キングコング。そのボケ担当の梶原雄太は、頼りにならない新聞記者役だ。

公開バラエティ番組で、コントはすでにフジTV番組「はねるのトびら」で経験し、彼らにはお手のもの。しかし、若い頃は違った。

キングコングは、お笑い養成所NSCに在学中からNHKの漫才賞など数々受賞し、コンビ結成2年目で「全国ネット・バラエティ番組」に抜擢され、すぐに売れっ子芸人になった。

スピード出世ともてはやされたが、梶原には重荷だった。2本目につくった漫才ネタで受賞してしまい、技術がない。笑いのエリートと呼ばれ、面白さのハードルが上がる一方で、その期待にこたえられない。しかも、漫才しか知らずコントができない。

当時、東京駅に着くなり、吐いていた。

危機の前兆は、コントを月に30本しないといけないフジTV「コント1000本ノック」の収録前日にあった。3日も寝ていない梶原が西野の部屋に行き、「これ、スタッフが仕掛けた寝かさないドッキリじゃなければ、つらすぎる」。

そして、ついに失踪する日が来た。東京で深夜のラジオ番組をこなし、さらにネタ合わせ。朝4時に別れたが、梶原はホテルと逆の方向へ去った。

西野は、いやな予感がした。その5時間後に、大阪で早朝ロケがあるのに……。梶原本人はこの時、もう記憶喪失状態で全く覚えていないという。

仕事は完全放棄し、数日後、宝塚のカラオケBOXに一人でいた。丁度FUJIWARA藤本から電話があり、藤本の家に呼び出される。彼は吉本の社員がつかまえにくると妄想。盗聴器がしかけられていると思い込み、ビクビクしっぱなしだった。

笑いからの逃走。以降、テレビは怖くて見れない。

3ヵ月後、母から西野が待っていると知らされた。怒鳴られようがとにかく謝りたかった。家に入ると待っていたのは、上半身ハダカ、帽子をハスにかぶりギターを持っている西野。すぐ土下座して「もう一回やらせてくれ」。それに対し、ギターをじゃ～んとはじいて「え～で」。照れの一言に救われた。復帰がかない、これまで以上に奮起した。

6年前に、元読者モデルと再婚した。

好きすぎて、禁止事項だらけ。痴漢されるから電車禁止。同窓会禁止。とりわけお笑い芸人との顔合わせ禁止。面白くて好きになることがこわいらしい。

『笑いへの強迫観念』に追い回される、妄想人生がまだ続いているのだ。いやはや……。

（2013年2月）

嫌みなほど、多才

西野《キングコング》　亮廣

19歳でコンビ結成し、半年後にはNHKの上方漫才コンテストで最優秀賞を受賞。その1年後にコント番組「はねるのトびら」抜擢と、スピード出世したのが漫才コンビ・キングコング。そのツッコミ役の西野亮廣は今、深夜ドラマ「示談交渉人」で初主演している。

元外交官の交渉術をいかしてモメごとを鮮やかに解決する一匹狼をクールに演じている。西野本人も曲がった事が嫌いな正義漢だが、逆にモメごとをつくる立場になることが多い。

例えば、ブログの炎上だ。自信たっぷりに大口を叩いたM－1グランプリ決勝での敗退と謝罪に対する「2ちゃんねる」での批判に、彼が反論。責任をとらない意見を認めないとコメントした所、西野へのブログ攻撃が集中した。

また、周囲から「余計なこと言う芸人」と言われている。

昨夏、ゴーストライターを主人公にした処女小説『グッド・コマーシャル』を出版した。その記者会見での発言が、「15万部売れたら、コンビを解散します」。

その気もないのに、つい話題作りのサービス精神から言ってしまうのだ。

さらに、初の絵本『Dr. インクの星空キネマ』出版の時の余計な発言は、「絵本業界を俺が変える」。

とうとう芸人仲間から苦情がきて、静かに、お笑いやれ！

西野の信念は「金銭欲はなく、いい仕事がしたいだけ」。

そのマルチな才能には目を見張る。

美大進学をすすめられたほど絵心があり、2冊の絵本を出版した。

舞台の脚本を3本書き、「ダイヤル38」では演出主演までこなした。

ギター、ピアノが弾け、ムード歌謡を作曲し「おかめシスターズ」でCDデビュー。

スポーツではマラソンが得意で、TBS「オールスター感謝祭」では春秋連覇の実績がある。

苦労知らずで、オールマイティ。

ジェラシーを抱かせる才能を見せつけ、しかも男前だ。

欠点がなさすぎて、面白みに欠けると言いたくなるほど。

半年前に同期会があった。

当たり年の世代だが、南海キャンディーズの山里は「キングコングに負けたくない意地で、ここまで来た。西野ざまあみろ、と言うためだけに頑張った」。思いのたけを吐き出した。

横でニコニコと聞く西野。

どんなに嫌われようと仲間を思いやり、「皆好きだ」という西野。

どこまで、男前やねん。


（2011年2月）

好感度芸人を捨てた理由

キングコング《キングコング》
西野　亮廣

このゴールデンウィークに川崎で芸人開催の「芸画展」に参加したのが、キングコング西野である。高校で美大進学をすすめられたが芸人志望を貫き、19歳でコンビ結成。すぐ漫才賞を獲得し、21歳でバラエティ番組「はねるのトびら」のメインMCを任されるほどのスピード出世をし、超お笑いエリートと注目された。

なのに今、「好感度の低い芸人」と呼ばれる。

自信家でストレートに発言しすぎるからか。

ツイッターでの意見で多いのが、「芸人なのに絵をかき個展を開いてアーティスト気取りが嫌」。ツイッターで西野が「太宰治が嫌い」と呟いて批判が集中するなど、隔週の頻度で炎上するとか……。

あるスタッフが鏡を見ていると横に来て、「俺の顔に生まれたかった?」と聞いてきた。

何様のつもり……。

ドキドキするような面白いことがやりたくて芸人になったので、バラエティ番組のひな壇には出ないと発言し、一部の芸人に喧嘩を売るようなことをしてしまう。

そんなガードが甘い西野の転機は、25歳過ぎにあった。

ＴＶ「はねるのトびら」がゴールデンの時間帯に昇格したが期待したほどの人気が出ず、スターになれなかった心の傷が……。

その時、自分の好きなことだけやろうと決めた。

丁度その頃、タモリに飲みに誘われ「絵をかいたら。絵本を作るとか」と言われ、その翌日から描きだした。ウォルト・ディズニーになる夢を胸にひめて。

自信作は、タモリの「戦争は〈好きという感情〉がある限り、なくならない」という辛口の発言をヒントに仕上げたピースフルな絵本『オルゴールワールド』である。

こんな絵本で日本をびっくりさせるには海外進出が近道と判断し、ニューヨーク原画展を昨年敢行し成功させた。

秋には美術界の小山登美夫賞まで受賞した。

絵がうまくなった理由を、西野は「思春期が来て、女子の体に興味がわいて。でもエッチな本が買えなくて、そうだ！女子の裸を描こう。漫画のドラゴンボールで女子の顔や体を研究した。エロを目指すと上達のスピード、ハンパやない」。

こんな告白って、素直な男の子の証拠だ。

ほんとは飾らない気のいい兄ちゃんなんだよ。

話せば、きっといい奴なんだよ。


（２０１４年５月）

平家の落人、鰻家の呪い

銀シャリ
鰻 和弘

お揃いの青いジャケットを着て漫才しているのが銀シャリで、そのボケ役が鰻《うなぎ》和弘である。

昨年のフジテレビ「THE MANZAI」では、10組のワイルドカード決定戦に勝利し、決勝進出した期待の漫才コンビである。

鰻は天然キャラの逸話が多く、喫茶店で「僕はアイスコーヒー、ホットで」と注文したり、東京ドームの広さに驚いて「めちゃ広いな。これ、東京ドーム3個分位あるわ」と叫んだ。

恋愛にはオクテで、成人式の日に初めて好きな女性に告白したがふられ、それ以来風俗店に通う日々だ。

漫画を描くのが大好きで、子供の頃10年間に54冊もの大学ノートに描き続けた。

今でも突拍子もない発想の1コマ漫画を描いて、7枚10万円で売れたこともある。

例えば、「チャーシュー」という題の漫画は、相撲取りが土俵の縄を使って相手力士を縛る内容の絵で、ふっとんでいる。

鰻という名字は日本に6人しかおらず、その内4人は鰻の家族だという。

鰻家のルーツは鹿児島県指宿市の鰻池周辺で、平家の落人ともいわれる。

鰻家の先祖がうなぎを食べて1週間後にナゾの死をとげ、それ以来うなぎを食べるな、という言い伝えがある。

本当かどうか、兄がうなぎパイを食べた所、泡を吹いて倒れ救急車で運ばれた。

珍しい名前で、病院の受付では「まむしさ〜ん」と呼ばれたり、困ることばかり。

重子って女の子に告白したら、将来「鰻重子」になるのは嫌だとふられたことがある。

鰻は河内音頭の本場・大阪の八尾出身で、2年前に河内家菊水丸に弟子入りした。

鰻のぼりから名づけられた「河内家上り丸」として、昨年音頭デビューした。

今年7月には、師匠菊水丸が教鞭をとる大阪芸大の特別講師に呼ばれ、師匠のある提案に同意した。

それは「来年の土用の丑の日、先祖を供養する河内音頭を唄い太鼓を乱れ打ちして、鰻家ルーツの土地を鎮める。最後に、鰻君がうなぎを食べる」。

本人は拒めず、「ついにその時が来た。食べて1週間はめっちゃ緊張するわ」。

相方の橋本は、「太鼓だけにバチが当たるかもしれない」と能天気な発言。

危うし、来年の夏!


（2012年9月）

平成のモテ男は、ザキヤマと腐れ縁

くりぃむしちゅー
有田　哲平

故郷熊本の震災支援のため毎月一回チャリティライブをすると発表したのが、熊本出身のコンビ・くりぃむしちゅー。そのボケ担当が、有田哲平である。

父は広告代理店の社長で裕福に育ったが、立教大学入学後に父の会社が倒産した。

ワンマンの父が苦手だったが「大学を中退してお笑いをやりたい」と言うと、「学費がいらず何と親孝行なんだ」と珍しくほめてくれた。

その後、両親は離婚し、程なく父が死去した。

熊本の高校の同級生だった上田からお笑いの世界に誘われ、コント山口君と竹田君に弟子入り志願。有田は、山口の付き人になった。山口から「いま、つっこみをしているけど、ボケの方が向いている」と言われ、ボケつっこみを逆にした。

イケメンでもないのに「平成のモテ男」と呼ばれるには理由がある。

合コンで有田がそっと女性の肩に手を回し、まわりに気づかれると「どうしたんだ、おい、手！」と自分につっこみギャグにしてしまうセンスが、スマートにみえる。

そしていつも一緒のアンタッチャブル山崎、ザキヤマがほめまくるのだ。

「実はおぼっちゃん育ちで、昔は家にベンツがあってドーベルマンがいて……」。

有田さんすごい!! となる。

有田はザキヤマが売れない時代から面倒をみていて、3年前まで同じマンションの上下階に住むほど。有田が麻雀をすると、ザキヤマはやらずに6時間ずっと後ろで見ていて、「有田さんのそばにいるだけで楽しい」。

こんな有田と添い遂げる思いのザキヤマだったが、1年前に7歳年下の女性と9年間の交際の末にゴールイン。彼女の誕生日に入籍した。有田より先に結婚しないと言っていたが、待てなかったのだ。

しかし、気づかって、結婚式はしていない。

一時お泊りデートなど有田のプレイボーイ的行動が写真週刊誌に続けざまに掲載され、上田に「フライデーに連載もってんのか」とからかわれた。

こんなモテ男だから、いろんなカップルがでる恋愛系の番組の司会もうまい。妙な恋愛観をもつ女性が出演しても、質問をうまくして笑いに変えるセンスを身につけている。

理想の結婚生活シーンは、「仕事で夜遅く帰宅すると、妻がソファで寝ていて、それまで有田出演の番組を録画して見ていたのがわかる……」。

ローラとの噂が続いていたが、有田はもう中堅以上のタレントで噂が出る限り、有田より格下の男は近づけない。

結局、有田は「ローラの虫よけ」の役回りをさせられていただけなのだ。 (2016年7月)

こんな天才漫才師がいた

高山《ケツカッチン》　トモヒロ

丁度20年前に死んだ天才漫才師・河本栄得の生きざまを描いた映画「ベイブルース　25歳と364日」を監督したのが、相方・高山トモヒロ（元ベイブルース。現ケツカッチン）である。

ベイブルースはダウンタウンの次のリーダーと期待され、そのネタ作りから漫才の方向性まで決めていたのが、ボケ役河本だった。

なのに突然、劇症肝炎になり、26歳の誕生日の前日に早逝した。

高山が河本に出会ったのは、大阪市立桜宮高校の野球部。

同期に元阪神タイガースのキャッチャー矢野がいた。

卒業後、河本の誘いでお笑いをめざす。

すぐ新人賞を矢継ぎ早にとり、注目された。

河本は漫才の取り組みに真剣で、ダントツの1番をめざしていた。

それは野球部のキャッチャー争いで矢野に負けたトラウマのせいかもしれない。

漫才の練習では高山のツッコミに厳しくコンピューター並みの正確さを求め、よく叱った。

高山は「俺、精密機械になる。河本の言う通りに、ついていく」。

河本の口癖は、「遊ぶ暇があれば、ツッコミの練習をしろ」。

高山がこっそり遊ぶのが、同期の雨上がり決死隊宮迫だった。

宮迫曰く「河本は同期の誰より才能があり、漫才では勝てないと思ってコントをした」。高山に、宮迫が「ベイブルースの映画をつくるなら、どんな形でもええから手伝わせて」と頼み、アパートの大家のチョイ役で出演した。

河本がライバル心を燃やしたのが、勢いをつけてきた一期下の千原ジュニアだった。後輩が千原ジュニアの舞台を見てるだけで機嫌をそこねた。

その千原ジュニアは「当時、漫才賞の決勝でいつも残るのはこの2組で、ずっとベイブルースに勝たれへんかった。また勝負したかったけど、勝ち逃げしたな、という感じ」。片や、兄の千原せいじは敵と見られず、河本はよく飲みに行った。ジュニアのネタ作りとかを探るために……。

20年前の11月1日、お通夜の日が河本26歳の誕生日で、NSC7期の宮迫など同期の仲間が祝い、その20年後、高山が原作・監督の感動的な映画が公開された。

天才は不思議な縁を持っている。


（2014年11月）

離婚の悲しすぎる理由

ココリコ
遠藤《えんどう》　章造

主演した映画「バスジャック」の不人気を大晦日特番「絶対に笑ってはいけない大脱獄24時」でいじられ再注目されたのが、ココリコ遠藤章造である。話題になり、バスジャック犯に間違われた遠藤の演技を見た人からは、やっぱり「惜しい」の声が！　大阪豊中出身。

掛布にあこがれて野球を始め、高校進学時に7校の名門野球部からスカウトが来て、甲子園出場のチャンスが高い香川の寒川高校に入学した。が不運にも、6校は甲子園に出場できたのに、寒川だけ出場できなかった。

かなりの阪神タイガースファン。顔が投手の岩田稔にそっくりで、兄弟づきあいしている。田中マー君と里田まいの縁を取り持った。

ある番組で田中の大ファンだった里田から「田中の連絡先を知りたい」と頼まれ、その話を田中にして結婚するきっかけをつくった。

仲人を頼まれたが、「嫁がおれへん」から実現しなかった。

毎日放送の深夜番組で共演した同い年の千秋がタイガースファンと知り意気投合した。「お前と一緒なら，お爺ちゃんお婆ちゃんになっても楽しく過ごせる気がする」とプロポーズして、13年前に結婚。5年後にスピード離婚した。

千秋は「離婚は浮気より健全」と明るく捉えている。

「離婚は、結婚の次のステージと思ってる。次のシングルマザーのステージに進めて、ワクワクしている」。そして離婚が成立すると、「高校受験の合格発表の時みたいに『ヤッター』と叫んだ。うれしかった」。

さらに女性の友達がホームパーティを開いてくれ、ケーキには「Ｈａｐｐｙ Ｎｅｗ Ｌｉｆｅ！」のお祝いメッセージが飾られていた。

実は離婚しても仲がいい。

娘の授業参観には２人そろって参加する。娘の誕生日は親子３人で祝う。娘は遠藤の家に週一回以上泊まりにきて、そのたびに千秋が付き添い、一緒に泊まることもある。

つまり、「忙しい夫婦より絶対会ってますね」と千秋は言う。

「仲が悪くてもめるより、仲がいいまま離婚するのがいい。離婚するなら、ぜひ『遠藤千秋パターン』がオススメです」。

実は最近、千秋が遠藤と結婚した本当の理由を告白した。

ずっと目が小さいことがコンプレックスで、憧れたのが遠藤の大きな目。生まれた娘は千秋似だが、目だけ遠藤のような大きな瞳だった。

千秋は、「子供の目を大きくしたかった。それがかない、遠藤に用がなくなったの」。

ま、まさか、遠藤は、整形の道具ってか。

（２０１５年５月）

岩手生まれの浪速の漫才師

酒井くにお・とおる
酒井　くにお

漫才の本場、大阪が胸を張って誇れるベテラン漫才師が、今年結成40周年の酒井くにお・とおる。兄弟漫才で「とおるちゃん」と弟の名前をオカマ口調で連呼するのが、兄の酒井くにおである。実は岩手県奥州市出身（政治家小沢一郎の地盤）で、大阪弁がしゃべれない不利を克服し、本格派漫才師の地位を築きあげた。

酒井くにおは成績優秀で、教師をめざし東京教育大学に入学。しかし大学紛争が燃え盛った頃で、闘争に参加して機動隊と戦うが挫折した。傷心の気持ちを抱いて浅草をふらつき、たまたま入った浅草松竹演芸場で見た世相を風刺するコントコンビに釘付けになった。

その芸人は「コント・コンビネーション」。

夢中になりキャバレーまで追いかけて、コンビのリーダー（現在のさがみ良太）に弟子入りを志願した。だが、すぐに認めてはもらえず一年近く通って、やっと弟子になれた。

当時、師匠には5人の弟子がいて、ともに修業し、大学は中退した。

初舞台は代演だった。付き人生活の頃、漫才コンビ「なんだ・かんだ」のなんだ師匠が、「相方が失踪したから、相方になってくれ」。

突然な話に戸惑い、「舞台衣装がないから……」と呟くと、「逃げた相方の背広が残ってる。

相方は小柄だったから、君にぴったりだ」。小柄という理由だけで代役に選ばれた。

次に師匠から「新宿のストリップ劇場の専属として舞台に出ること」をすすめられた。アングラ系の劇場で、ストリップの幕間に女形の姿でコントをしている女装集団の一員になり、そこには後のゆうとぴあホープもいた。

くにおが初めて組んだグループが女装コントで、ここで女形の芝居の心地よさに目覚めた。その後、やりたかった社会派コントをするコンビを結成するが、相方から解散を告げられる。

一方、弟は舞台の裏方になろうと東京上野の専門学校に進学した。

2人は再会し、兄のくにおから兄弟コンビ結成を持ちかけた。

ローラースケートで舞台を走りまわったり、女装してタップダンスを踊ったりしたがうまくいかず、大阪に移住した。

コントから漫才に転進し、弟のとぼけた「ここで笑わんと、もう笑うとこ無いよ」の自虐ギャグで人気をつかんだ。

くにおは、そのなよなよした仕草やオカマっぽいしゃべりから、ゲイ疑惑がつきまとう。教師志望だったのに、大学紛争の闘士だったのに、今やオカマの漫才師。

女形や日本舞踊の芸を披露して、きびしい演芸界を生き抜いてきた。

そう、「ゲイは、身を助ける」。


（2012年2月）

先輩をおだてる裏ワザ

サバンナ《サバンナ》
高橋　茂雄

芸人仲間の裏話で、上手にその場を盛り上げるのが、サバンナ高橋茂雄である。

小学生の時、転校生にいじめられ、意地になって私立の立命館中学に合格した。

ある遠足の日の朝、体調をくずし、弁当に入れたおかゆがリュックの中にもれた。ついたあだ名が「リュックびちゃ男」。

こんなイケてない子供が仲間をさそい、各自おしゃれだと思う服で京都の繁華街を歩いた。で、集まった4人中3人がスキーウェアだった。

こんな経験をふまえ、「アメトーーク」で「中学の時イケてない芸人」を企画プレゼンし、なんと実現した。

ふがいない逸話がたくさん飛び出し、なんとこれが2年前にTV番組のギャラクシー賞を受賞した。

先輩を気分よく持ちあげて、おごってもらう「太鼓持ち芸人」でもある。

その総額がマジで数千万円!! 半端じゃない!!

先輩との飲み会が楽しいという気持ちをつたえるのに、フランクな先輩に対しては「今日楽しいですわ。DVDにできますやん」。

ヨイショを嫌がる先輩には、トイレに立つ時、小さい声で聞こえるように「今日、ホンマ楽しい」と独り言をつぶやく。

支払いの時、先輩に「私も払う気がありますよ」と示すために、「いくらか払わせてください」と口で言うだけでは全くダメ。

マジックテープの財布のふたを開ける音を聞かせる小ワザを忘れない。

酒席では「ほんまっすか〜」ひとつで対応する。

先輩が機嫌がいいと、明るい声の「ほんまっすか〜」。

怒りだすと険しい顔で「ほんまっすか〜」。

また、3種類の「美味い」使いの名人でもある。

料理が出た時の「美味そう」。食べて「美味い」。食後の「美味かった」。

この3つは、欠かさない。

満腹の時に誘われたら断らず、「兄さんのご飯たべるとこ見といていいですか」。

この春フェイスブックの創業者で青年富豪の「マーク・ザッカーバーグにそっくり」ということで、映画「ソーシャルネットワーク」の舞台あいさつに招待された。

高橋のコメントは、「会ったら、似てるからって2億円くらいポーンとくれそう」。

その場でザッカーバーグをどうおだてるか、高橋の〈世紀のヨイショ〉を見てみたい。


（2011年6月）

太鼓持ち芸人もつらいよ

高橋《サバンナ》　茂雄

立命館大学柔道部のキャプテン八木から誘われ、お笑いコンビ・サバンナを組み、今年結成20周年を迎えるのが、高橋茂雄である。先輩の八木から「お笑いブームや。お笑いやったら、もてるで」と声をかけられ、京都の公園での路上ライブで腕試ししていた。

大学の学園祭でお笑いコンテストがあり、審査員で来ていた千原ジュニアに面白いと絶賛された。終わってから、トイレでジュニア本人に出くわし、そこで直接「吉本に来いよ。絶対いけるから」とすすめられた。

それから、数ヵ月後に吉本の心斎橋筋2丁目劇場のオーディションに合格。千原兄弟司会のランキング形式の人気ネタ番組「すんげー！ベストテン」に初出場し、なんと1位獲得。当時、上位常連組だったジャリズムやメッセンジャーを打ち破っての1位なので、皆驚いた。

ジュニアだけ知っていて、「当然やろ」。

大阪吉本で活躍し、たむけんファミリーに所属しながら、高橋は自分を慕う若手を集めて、「シゲオボーイズ」を結成。入れる条件は3つだけ。「銭湯好き。酒好き。包茎であること」。

何度か、全国ネット進出のチャンスがあった。人気番組「ワンナイR＆R」に出演していた宮迫から、「大チャンスや。サバンナが何やってもひろたるから、全力で来い」と言われ、ギャグコーナーで相方の八木が得意の「オモシロイ奴おいだすよ」をするが、緊張しすぎて声が出ず、口をパクパクさせるだけだった。大スベりした。

人気ネタ番組「エンタの神様」でギターを弾きながらブルースを歌う「犬井ヒロシ」キャラが話題になったが、高橋は「これで受けても、俺が売れることはないな」と自覚していた。

7年位前から東京に呼ばれることが増え仕事は順調だったが、個人的には不調だった。

理由は「接待疲れ」。太鼓持ち芸人の異名をもつ通り、先輩が大阪に来るたび、最高に楽しい夜を過ごしてもらうためヨイショも含めて接待に全力を注ぐ。

例えば、カウンターのみの店を予約するなら、角の席をおさえること。

そうすれば、先輩を真ん中にして、芸人全員で「模擬トーク番組」風に話せるから。

先輩ごとに、「食事の店」「女子のセッティング」「2次会の店」を考えるので、4日連続で色んな先輩が来た時は、吉本本社のホワイトボードを使って綿密な作戦会議をした。

まるでサッカー日本代表の合宿みたいに。

へとへとな日々の連続。が、こんな接待疲れから解放される日がやってきた。

それは、「接待の天才」月亭八光（八方の息子）の出現だ!!

「社長たらし」の異名を持つヨイショの若き巨人、八光。

高橋は喜んで、接待キングの地位を譲った。

（2014年6月）

銭湯好きは、水風呂で極楽にいく

サバンナ
高橋《たかはし》　茂雄

ＮＨＫ子供番組「みいつけた！」の青いイスの人気キャラ、コッシーの声と歌の作詞までやっているのが、サバンナ高橋である。

愛されるキャラだからこそ、子供たちの夢をこわさないよう、他のＴＶでコッシーはやらない。自分が子供の頃いじめられたので、子供への思いはひとしおなのだ。

少年野球では運動神経が悪く、ずっと補欠だった。

中学時代は全くもてず、〈唯一女子とかわした会話〉が待ち合わせ場所を間違った時の女子のひと言「あんた、ここにおったんかい」だった。

が、今ではこんなつらい体験も、「運動神経悪い芸人」「お腹ピーピー芸人」「中学の時いけてない芸人」のアメトーーク企画で笑いにかえ、話題になった。

また週に９回行くこともあるという、東京大阪に行きつけの銭湯を持つ「銭湯大好き芸人」でもある。

特に「水風呂」。サウナで身体をほてらせ、キンキンに冷えた水風呂につかった瞬間、〈ザバーッ（水音）〉「これやったんや！」。

喜悦の声が出る。

「ニューヨーク ニューヨーク」と高橋が名づけたお湯の入り方は、いきなり入らず、足をいれ自由の女神のように手をあげて、きりもみ式に回転して入浴する。

サウナでは「3種類の汗」が出るという。

最初は、シャバシャバ汗。2回目に出るのが、玉の粒のような汗。3回目にはキラキラ白っぽい汗が出て、高橋はそれを「ほんま汗」と呼ぶ。

風呂でいいのは、腹を割って話せることだ。

後輩の「芸人やめたい」という悩みも、お湯に流せる。

楽しみは、お湯にタオルをのせてオナラをし、純度100%のものをかぐこと。

最後に出るときは、首筋に冷たいシャワーを魂が「ファーッとなる」までかける。

湯冷めしないのだ。

大阪の銭湯ではいつもTVで阪神戦をやっていて、慣れたおっさんは阪神の攻撃の間だけ見ている。たまに打線が調子いい時は、のぼせたおっさんが「福留、打つな」。

これが万一、阪神が優勝しようものなら、ファンが水風呂にザブーンと入って「ああ、これやったんやぁ〜〜〜、優勝の幸せ……」。

道頓堀に飛び込むより、ずっと極楽極楽!!


(2016年1月)

愛妻家の喜びとは……

ザ・プラン9
ヤナギブソン

4人のお笑い集団「ザ・プラン9」で、3人のボケに1人でつっこんでいるのが、ヤナギブソンこと柳谷学である。

漫才コンビ「君と僕」を解散して、ザ・プラン9に参加。

そこでは個々の活動も認められていて、ピンではパネル芸でR－1ぐらんぷり決勝に進んだこともある。

とりわけ記憶力に自信があり、世界の首都を暗記してスラスラ言える。

大学時代から10年以上つきあった女性と結婚し、愛妻家である。

嫁とのラブラブなエピソードをうれしそうに話して「……って話、誰が興味あんねん」と落とすのが、十八番の持ち芸だ。

たとえば、「プロポーズは、どぶ川みたいな所で指輪を渡して、俺と結婚してくれ、って話、誰が興味あんねん」とか……。「つきあいが長かったんですが、いまだにキスしますし、って話、誰が興味あんねん」とか……。

嫁とは交際期間が長かったのに、新婚生活は恥ずかしい位のアツアツである。

帰宅すると迎える嫁が「ワン」と叫べば、それにあわせて彼が「ワンワン」。

2人は飛びつき、「犬ごっこ」状態でじゃれあう。

夜は「終電ごっこ」。

「ベッドルーム行き、最終列車発車しまーす」というと嫁が歯を磨きながら「乗りまーす！」と言って、2人でウキウキ寝室へ……。

仕事の休みが多いと普通、芸人はあせるものだが、彼はスケジュール表に「嫁」と書いて、夫婦時間を楽しみにする。

嫁本人も変わっている。

たくさん人が集まる所が好きで、楽しかったのが「お葬式」だった。

同じ年に結婚し、うれしくて喪中のハガキを出すことに決め、喪中の挨拶の下に「結婚しました」の文字と写真をつけて送った。

そんな嫁がとっても心配で、嫁がピアノ教室に出かけると、彼はベランダまで出て見送りし、何かあればすぐ飛び降りてもいいように、底が厚めのスニーカーを近くに置いている。

ヤナギブソンに嫁の〈キュン〉となる所を聞くと、「ピアノの先生なので、親指と小指を広げた時の指骨の隆起」。

そそられるらしい。「って話、誰が興味あんねん」。


（2012年1月）

ザ・ぼんち《ザ・ぼんち》 ぼんちおさむ

一発ギャグで30分

日本武道館で初めて漫才ライブをし、30年前の漫才ブームの立役者と呼べるのが、ザ・ぼんち。そのボケ役が、おさむである。

この夏、読売テレビの番組「漫才ラバーズ」では、若手実力派・千鳥のつっこみ担当ノブと歳の差をネタに、異色のコラボ漫才を披露した。

持ちギャグ「おさむちゃんで〜す」から始めたが、やはり台本にない勝手な振る舞いに走り、ノブから「しっかりせい、おさむ！」と喝を入れられていた。

おさむは、喜劇役者になりたくて明蝶学院に入るが閉鎖になる。

そこで漫才師に転向し、タイヘイトリオの弟子になった。

里見まさとと結成したザ・ぼんちでは、橋幸夫のものまねや「そーなんですよ川崎さん」のギャグで一世を風靡し、漫才ブームを先導する。

「恋のぼんちシート」のレコードは、オリコン2位の大ヒット曲に！

この5年後にコンビを解散し、俳優になる。

おさむは愛妻家で、電話魔だ。

妻に多い時は、日に20回も。

内容はいつも同じで「用事ないけど、カギ大丈夫か。犬は大丈夫か」。電話しないと寂しいらしい。

出会いは、妻が19歳の時。

ディスコで声をかけ、いきなり橋幸夫のまねをした。

結婚式はボロボロだった。

おさむは緊張から酔っ払ってしまい、新婦のおじさんから2人のなれそめを聞かれ、「橋幸夫のものまね、しました」。そこで新婦の父親が「そんな事してるから、いつまでも売れへんのじゃ！」。

きつく叱られた。

売れる前の辛い思い出があれば、売れた後の輝かしい思い出もある。

それは、5年前の「アメトーーク」オススメ芸人の時。おさむが一世一代の暴走をしたのだ。「おさむちゃんで～す」のギャグが詰まって言えず、そのうち、椅子で足をはさみ、セットの裏に行き、客席のひな壇を上がり、スタジオから飛び出してトイレに行き……。

テレビ朝日の中を30分間さまよい、やっと戻って言えた所で番組が終わったのだ。

一発ギャグ最長不倒の30分。

実はこれが特典映像として付いている「アメトーーク！ＤＶＤ第16弾」がいま好評発売中だ。

おさむ伝説を見よ。

（２０１１年10月）

ザ・ぼんち復活を決めた日

里見《ザ・ぼんち》　まさと

コンビ再結成して約10年目で、いま熟達した味のある漫才をしているのが、ザ・ぼんち。そのツッコミ役が里見まさとである。

プロ野球選手をめざして高校野球の名門・興国高校に入るが、市立神港高校の山口高志（阪急ブレーブスで活躍）の威力あるボールを見て限界を感じ、野球部を退部。

担任の先生にすすめられ軟式野球部に転向して主将になり、全国大会で準決勝に進出した。

高校卒業後、数人の師匠に断られたが、運よくタイヘイトリオに弟子入りできた。

修業期間中に通っていた漫才師養成所で、高校の同級生おさむと再会。

意気投合してコンビ結成を決めた。

芸人の草野球チームに呼ばれて、名前を覚えてもらえた。

当時のライバルは、B&B。テンポのいいしゃべりで大爆笑させていた。

B&B打倒が目標で、たどり着いたネタがインタビュー形式の「テレビ離婚式」。質問に答えるスタイルにすると、ボケのおさむが自由気ままにボケられて、ユニークなキャラがいかせた。

そして漫才ブームの到来だ！　フジTV「THE　MANZAI」に一回わずか8分の漫才

をしただけで、次の日人気者になった。

人生が激変した。1981年は、日本国中「ザ・ぼんちの年」だった。

武道館ライブなど破天荒なスケジュールが続き、その先に待っていたのは〈ブームの終焉とコンビ解消、そして仕事の激減〉だった。

まさとは、漫才をやめたら何も仕事がなかった。

人から「おさむがいないと何にも仕事のない芸人」と指さされた。

女性レポーター亀山房代に「漫才をやりたい」と誘われ、「まさと・亀山」を結成。

平成元年、初舞台はうめだ花月で、全く笑い声がなかった。

そこから苦節9年！　ついに上方漫才大賞を受賞した。

そして、亀山の結婚と妊娠で、コンビ解散した。

まさと・亀山の最後の舞台の日に、吉本の常務から「ぼんち復活」の提案を受けた。

相方おさむの気持ちをさぐりに家を訪ねた。2人とも照れがあって話がそれ、復活OKとはいかなかった。家を出ると見送りに来たおさむの奥さんが、「おさむは意地っ張りで。漫才がやりたいのに、あんな言い方しか出来ないんです。お願いです。おさむと漫才をやってください。おさむにはまさとさんが必要なんです」。涙声だった。

この時、ザ・ぼんちの第2章がスタートした。

復活した面白い漫才を支えているのは、奥さんの思いやりなのだ。


（2013年8月）

みー君への約束

サンドウィッチマン
伊達　みきお

伊達は、最近の相方・富澤の「うつ病」的なふるまいを心配していた。

富澤は、その時、自殺を考えていた。伊達を無理やりお笑いの世界に引っ張り込んだのに、全く売れない現状に強く責任を感じていた。高校卒業後、福祉の会社に就職していた伊達を３年かけて口説いて退社させ、24歳でコンビ結成して上京。なのに仕事がない。特に伊達の親御さんに対して申し訳なく、死ぬしかないと思いつめていた。まずコンビ解散を言うと、伊達は「まだ解散するほどの挑戦をしてないだろう」との返事で、「なるほど。うまいこと言う」と感心した。伊達から「２００５年のこの1年を勝負の年にしよう。もし地上波のテレビでネタができなければ、俺たちは芸人をあきらめて仙台に帰ろう。そのためにはバイトを辞めて、お笑いライブに出まくろう」の提案があり、富澤は「さすが、いいこと言う」とさらに感心した。

二人が東京でコンビ活動を始めた最初のコンビ名が「親不孝」。不吉な名前で、売れる才能があっても売れない。おんぼろアパートで共同生活を始め、富澤は駐車場の管理人をしながらネタを書き、伊達は肉体労働のアルバイトの日々。アパートのトイレには「みー君への約束」と書かれた紙が。富澤が伊達の夢実現を約束した紙で、「草野球をやらせる」の他に「オールナイトニッポン。いい車。Ｖシネマ。歌。ナレーション。食べ物のＣＭ」の７つの夢をかなえると宣言。実現が夢また夢に思えた。が、ついに日テレ「エンタの神様」への出演が実現した。そしてM－1グランプリ2007。決勝1回戦は「アンケート」ネタで1位通過。ちなみに、このアンケートのネタは以降、一回もしていない。この時が最高の出来で、もう越えられないからだ。最終決戦は3番目で、「ピザのデリバリー」。伊達が一瞬だけセリフをとばし富澤までとばしたが、伊達がすぐ思い出して事なきを得た。伊達曰く「サンド史上最大のピンチだった」。実はM－1準決勝でやった「結婚式のスピーチ」を最終決戦でやる予定を、「ピザ」に変更。事前に練習したが緊張で息が合わなかった。が見事、史上初の敗者復活戦からの優勝が実現！

東日本大震災では気仙沼港市場でのロケ中に被災。肉親の無事を確認し、12日に伊達は新ブログ「みんな頑張れ！」に、『戦後、俺たちのじいちゃんやばあちゃんは日本を復活させた。世界には奇跡と言われた日本の復興。必ず復興します。日本をナメるな。東北をナメるな』と掲載。英国紙「インデペンデント」編集長が感動し、翌日曜版に一面記事が掲載された。

伊達の素顔は女性的な童顔で愛称が「おなべちゃん」。でも伊達政宗の伊達氏の分家である大條氏の嫡流。傍流ではあるが政宗の子孫で、父親から「伊達家の末裔だから、本名は名乗るな」。

有名な熱烈なファンがいる。デビューから1回も欠かさず全ての舞台を見ている「小島のおっさん」で、伊達の結婚式にまで招待され伊達の親族席にも座らせてもらった。長く売れなかったコンビがM－1で優勝しBIGになり、伊達の親族扱いまでされた。大きな夢が実現し次にどんな夢をみたいのかわからなくなって、「うつ病」にならないか心配である。

つけ麺を追いかけて

シャンプーハット　てつじ

アラブ人のような異国的な風貌をしているのが、シャンプーハットてつじである。

元「ＭＯＲＥ」専属モデルの女性と結婚し、４歳の娘がいる。

相方とは、新大阪歯科技工士専門学校で知り合い、吉本のオーディションに参加するためにコンビを組んだ。

ガレッジセールらと「ｎｅｗｓ」というユニットを組んでいたこともあるが、現在は大阪中心に活躍している。

関西テレビの競馬番組「サタうま！」にレギュラー出演していて、３年前、Ｇ１の桜花賞で７００万円の特大万馬券を的中させた。この当たり馬券は、４０８０通り中の３１６１番人気で、Ｇ１レースで２番目に高い配当。爆笑問題の田中が当てた１６２万円馬券を越える、芸能界一の高配当だった。

つけ麺が大好きで食べ歩きをし、同じ趣味のとろサーモン村田やガリガリガリクソンらと「フリー麺ソン」というグループを結成している。

いろんな店のあらゆる麺を食べてきた経験から、名言を残している。

「小麦で作ったものは、すべて麺にいきつく。フランスパンにバターをつけて食べたら、それはもう、つけ麺である」

「ラーメンは、スープを味わう食べ物。つけ麺は、ズバリ、麺を味わう食べ物。」

そして、つけ麺に傾倒して行き着いた結論が、「小麦は裏切らない」。

そんな彼がプロデュースしたつけ麺専門店「宮田麺児」が、約1年前に東心斎橋にオープンした。

麺へのこだわりが尋常ではなく、「芸人は思い出づくり。こっちがホンマの夢や」。

麺の味は、どこのどの小麦粉をどんな割合で使うかによって決まる。

てつじ自信の麺は3種類あり、どれもパスタに近い味わいである。香り、のどごし、歯ごたえを味わってほしいから、まず何もつけず、麺だけをすすってほしい。

さらに自慢は独特のつけ汁。トマトの酸味が効いた野菜系ポタージュスープで、あっさりして濃厚だ。

味だけでなく器や内装まで、こだわりぬき、客が絶えない大人気店になっていた。

ところが、なんと先月の31日に閉店した。

てつじ曰く「さらなる小麦の可能性と偉大さを求めて麺を一新したい。その麺が出来るまで閉店します」。この探求心や良し。

しかし、こんなコメントを漫才について語ってくれたら、どれ程カッコイイことか!!

副業でなく。

（2011年9月）

甘い言葉には、愛がある

スピードワゴン
小沢　一敬

スイートな言葉がつまった著書『恋ができるなら失恋したってかまわない』が、今年のクリスマスプレゼントしたい本に選ばれたのが、スピードワゴンの小沢一敬である。

名古屋吉本の2期生で、有望株だったが芽がでなかった。

先に上京していた今の相方・井戸田は業を煮やし、トラックで名古屋まで来て、小沢の家財道具ごと東京に運びだし、漫才コンビ「スピードワゴン」を結成した。

記憶力に自信があり、麻雀が得意だ。

でも、注射は大の苦手だ。予防接種では後ろの人を先に行かせて、「怖いよー」。

泣いて、ダダをこねる。

涙もろくて、後輩の超新塾タイガーの結婚式では、タイガーが入場する前から大号泣していた。

大の親友チュートリアル徳井は、小沢から「失恋したから、愛の歌、歌ってよ」と頼まれ歌い始めると、小沢はすぐ大粒の涙を流して、泣き出した。

徳井とはこの夏、飲み会のために二人で一軒家を借りた。寂しがり屋で、『一人じゃ夜に押しつぶされる』。

一人よがりな呟きを吐いて場を白けさせると、『トークには四季がある。今は冬です』。

女性にはことのほか優しい。『太ったとか気にしないで。僕の好きな君の量がふえるんだから』。

食事中に『料理は何を食べるかでなくて、誰と食べるかだよね』。

合コンでは『口座番号、教えてよ』と困らせておいて、『今夜、君が夢に出てくるから出演料払っとかないと』。

先に支払いを全部すませて、『お店に聞いたら1万人目のお客さんで、タダだった』。

口説きに入ると、『甘い言葉聞かせてって言われても、出ないよ。甘い言葉って、君を見てると自然に出ちゃうの』。

見つめあって、『何で星が輝いてるか知ってる? 君のまぶしさに負けないようにさ』。

が、現実は大違い。

女子会に誘われても、ずっとゲームをするだけ。

初デートで食べに行っても、ずっと本を読むだけ。

しかも、キスが苦手らしく「異物が入ってくるのが耐えられない」。

でも、キスの先は「?」に、「好き」だと。

決めの名言『いつも夜が小沢をそそのかす』。


（2015年12月）

維新の志士の子孫なのに

ソラシド
本坊《ほんぼう》　元児

仕事がなく工事現場できついバイト生活をしているのが、ソラシドの本坊元児である。

ガリガリの細身で肉体労働をし、悲惨なコメントをつぶやくツイッターが話題になった。

本坊は3年前に東京進出するが、売れない生活は大阪時代以上にさらに過酷なものに。

ひと月に新宿ルミネの漫才の出番が2日だけ、あとの大半が工事現場労働だ。

吉本が見つけてきた焼鳥屋の営業は、ビールサーバーを担いで売り歩くバイト。

地下の工事現場ではヘッドライトが消えて遭難しかけるも、助けられて感動したが、カバンからニンテンドーのＤＳが盗まれていた。

そんな日々につぶやくネガティブなコメントは、

「俺ホント、息してるだけやん」

「みんな俺のツイッター見て笑うやんか。でも俺が死んだら、一番笑うんやろな」

1年前、ファンの子と同棲した。

金がないから引越し代は彼女が出し、部屋の名義も彼女だ。

「俺のこと好きやって言う人おるんやって感激して。でも女の子が手をつなぎたがったりするの、嫌やねん。腕が一本、自由がきかん感じがすごく嫌」。

変なところで、身勝手なのだ。

最近、鎌倉の海を見て「面白ないなぁ、海よ！ 波が何回もずっとこっちに打ち寄せるだけやで。何十年、同じバイトしとんねん」。

本坊は実は、幕末に人斬り半次郎と恐れられた「中村半次郎（後の桐野利秋）の子孫」だと告白した。

薩摩藩で西郷隆盛の部下として活躍し、西南戦争で戦死した偉人だ。

その本坊が下北沢で内装工事のバイトをした時の相棒に土方という男がいて、「土方歳三の子孫だ」と明かした。

日本の夜明けをになった薩摩藩と新撰組の傑物の子孫が、160年後に下北沢のアパートで一緒にクロスの張替えをやっていた。

平成のプータロー本坊に、いつ人生の夜明けが来るのか、まだ「闇の中」である。


（2014年2月）

※ソラシド本坊／愛媛県松山市出身。NSC大阪20期生。2001年結成。2010年東京移籍の漫才師。
著書『プロレタリア芸人』

竜兵会よ、永遠なれ！

ダチョウ倶楽部
上島　竜兵

「竜兵会」の解散危機が伝えられ、その動静が注目されているのが、軍団のボス・ダチョウ倶楽部の上島竜兵である。きっかけは6月末に、飲み会が行われていた東高円寺の居酒屋が閉店したこと。そのお疲れ様会で、上島は「絶対に解散しない」と涙ながらに訴えた。

生まれたのは兵庫県丹波市で、誕生日は1月20日。暦では「大寒」で、1年で「最も寒い」日にうぶ声をあげた。

役者志望でテアトル・エコーの同期・寺門ジモンにお笑いに誘われ、トリオコントを始める。「熱湯風呂」や「口喧嘩からキス」など定番ギャグを持つが、上島は基本いじられ芸である。

文化放送のラジオ番組終わりに、上島が太田プロの後輩芸人を集めて飲み会をしたのが「竜兵会」の始まりだった。隙だらけのゆる～い雰囲気で、女人禁制。新顔が相手にされるのは、頭の10分だけ。あとは、ほったらかしで、すぐ竜兵いじりにシフトする。

上島はすぐ泥酔し迷言を連発するから、劇団ひとりがつけたあだ名が『太陽さま』。

上島のエピソードを、2つ。

上島が珍しくまじめにお笑いを語ろうとしたら、居酒屋のブレーカーが落ちた。しかも2度も。

有吉がいたずらで上島がボトルキープしている焼酎の中身を水に変え、水に水で割ったものを飲ませたら、2時間でベロベロになった。

土田は竜兵会のおかげで社交的になったし、劇団ひとりは人並みにしゃべれるようになった。

竜兵会では、上島は御輿だ。皆が御輿に集まり、担いで盛り上がる。

御輿自体は何もせず、「担がれてる」のが仕事だ。

メンバーの土田にとって、竜兵会がツッコミ力を鍛える場所だ。仕事が少なく笑いのカンがにぶっていても、天然ボケの上島にガンガンつっこめれば、もうどんなTVの現場に行っても恐れるものはない。上島こそ、ネタの宝庫なのだ。

有吉は仕事がない間、竜兵会で食いつないでいた。多い時は週に8回飲んだ。有吉が上島に一番かわいがられていて、上島の心をつかむ作戦があった。2人きりの時に思いっきりヨイショしまくる。さらに信じてほしいと涙まで流す。情に弱い上島先輩には効果てきめんだった。

竜兵会のメンバーは次々に売れていった。上島は「後輩に抜かれたら、いくらでも喜んで頭を下げる。俺は、もともと子分肌なんだ」。太っ腹である。

上島の夢。80歳になっても熱湯風呂に肩までつかり、「熱っ」と言った瞬間に入れ歯がポーンとはずれる。そんな芸人になりたい。

上島本人が考える竜兵会のフィナーレは、自分が死んだ時の「葬式の集まり」だ。

遺言……「棺の中に、熱湯をかけてくれ」。


（2016年8月）

マニアな人は　お好き？

ダチョウ倶楽部
寺門　ジモン

寺門ジモンは、兵庫県川西市出身。家が山の頂上付近にあり、2歳頃から朝クワガタを捕まえていた。また幼稚園の頃から舌が敏感で、母の料理がまずかった時はダメ出ししていた。大人になっても、美味しいお菓子を食べると、住所を頼りに工場を訪ねて作り方を聞く。

アンジャッシュ渡部『間違いなく、芸能界で一番美味いものを食べてる人がジモンさん。肉くらいと思っていた所、イタリアンでも、フレンチ、寿司であっても、いかなる名店に足を運んでも必ずすでに通っていて、ジモンさんが行くと出る料理が違う。』

役者を目指し、テアトルエコー養成所に所属したが、将来に不安を感じ、お笑い芸人に転身することを決意。コンビを組んでいた上島竜兵に、肥後・南部が加わった4人組でスタート。

アンジャッシュ渡部『将来を心配しすぎて多趣味になったジモンさん。私もグルメをはじめ資格をたくさん取ったマルチ人間で、ジモン病にかかったのが良かったのか悪かったのか……』

毎年11月は白トリュフを食べるために、3週間イタリアに滞在する。その間、ダチョウ倶楽部3人の活動ができない。他の2人はジモンだから、とあきらめている。オオクワガタブームの先駆者で、クワガタ雑誌で数多くの記事を書いている。クワガタ数千匹を飼育するためだけの専用マンションを持っている。近隣から苦情が来て、引っ越しまで経験した。

有吉『うっとおしい。クワガタ好きにも程がある。力がある人にジモンさんは弱いから、ダウンタウン松本さんあたりにガツンと言ってほしい』
ジモンの看板が、「ネイチャージモン」。山ごもりは、1年に6度も行っている。山では自然の掟がわかるから、ヒクソンに勝てる。ここに到達したのは、大山倍達、宮本武蔵と俺だけだ。山と同化した時、10キロ先の相手が自分の悪口を言ったことがわかる。
土屋『いまだに「俺は本気を出せば、ミルコ・クロコップに勝てる」と言っている残念な人だ』
横隔膜を鍛えぬけば、最強になれる。クマを自慢の横隔膜を使い、4度撃退した。動物園では檻の前に立ち、横隔膜を使い動物を威嚇する。そして目を閉じて、想像上で格闘する。
浅草キッド『横隔膜バトルだって！メンバーで一番持ち芸が少ないが、実は一番バカっぽい』
牛肉の話で俺より詳しい人に会ったことがない。4～5歳のメス牛、なおかつ処女の肉が最高に美味。肉のセリに参加できる家畜商の資格まで取得し、2011年、松阪牛のセリでメス牛一頭195万円で落札した。収入のほとんどを肉につぎ込んでいる。キムチのおいしい店は、焼き肉もおいしい。信念は、「財産持ってもしょうがない。全部自分の中に入れたい」。
小藪『俺、ベジタリアンで肉食べないから気持ちがわからない。マックではフィレオフィッシュがおいしくて苦労しないし。肉なしでも、私の身長188センチを維持できてますし……』。
おすすめの焼き肉の食べ方は、先にキムチを食べておなかのアイドリングを……。いかに旨味や肉汁を閉じ込めるかが肉のうまさの鍵で、あっ、こら、焼いてる間に肉に触るな……

嫁に守られた芸人生活50年

Wヤング
平川　幸男

この6日、なんばグランド花月で「平成名人劇場」ライブをしたのが、Wヤングの平川幸男である。吉本新喜劇出身の佐藤武志と舞台でどついたりキスしたりの、体をはった漫才をやっている。

平川は、歌手志望で旅回りの歌謡一座に入ったが、興行師に金を持ち逃げされて解散した。おじさんの漫才師・唄之家成駒の紹介で、西川ヒノデの弟子になり、中田軍治と出会う。

初代Wヤングを組み、平川がギター、中田がサックスを演奏した。

さらに中田が平川を肩車して演奏する「2階建て演奏」で注目されるが、一念発起。楽器を手放し、しゃべくり漫才に挑戦して、「しゃれ尽し漫才」を開発し人気者になった。

そして、あのビートたけしや横山やすしがライバル視したほどの実力を見せつけた。

しかし、生真面目な中田が野球とばくで5300万円の借金をつくり、熱海で飛び降り自殺した。

この3ヵ月後に漫才ブームが起り、そのきっかけをつくった番組「花王名人劇場」に出演予定だったのに……。

出演していれば、借金をすぐに返済できる位かせげたはずなのに……。

Wヤングに代わって、急遽やすしきよしが抜擢され、あっという間に売れていった。

平川は初代Wヤングを結成してすぐ、有馬温泉の芸者置屋の養女、政江と結婚した。

「芸人の嫁のかがみ」と呼べる妻だ。

幼児の長男が平川に敬語を使う理由を、政江は「父さんは芸人として独身と言っている。だから、なれなれしくせず敬語で話すように長男に言っていた」。

貧乏な頃、その長男から「なんで辛抱できたの?」と聞かれ、政江の返事は「父さんが一番好きだから」。

平川がこりずに浮気をかさねても、政江は「もてなかったら芸人じゃない。もててこそ平川です。彼がもてても、ちっとも苦ではなかった」。

政江は人工透析を長く続けていて、入院した時「父さんは芸人やから、私は痛いと言ったことがない。父さんが舞台に出て客を笑わすのが辛いでしょうから」。

その妻も心不全で3年前に亡くなったが、当時の口癖が「世の中で一番の平川ファンは、私!」。

彼は熱烈なファンを失い、家の大事なものがどこに仕舞ってあるかも分からなくなってしまった。

(2013年6月)

東京進出で、浮かれ大悟

千鳥 大悟

フジテレビ「ピカルの定理」に抜擢され、東京での活躍が期待されているのが、千鳥。そのボケ担当が、大悟である。岡山県沖合の小島、北木島出身。

北木島の実家に行くと「山本大悟　生誕の地」という看板がある。

M－1グランプリ決勝に初進出した時に下ネタ（さっちゃん）をやってしまい、エロ漫才師のレッテルが貼られてしまった。

最近では、年間200本以上のロケをしていて、「最強ロケ芸人」の栄誉を誇る。

いま東京進出にチャレンジ真っ只中の千鳥だが、番組「フットボール刑事」内で〈東京で浮かれている疑い〉をかけられ、ドッキリのシーンを隠し撮りされた。

そのドッキリの中での発言を、次に並べる。

「この前KAT－TUNと飲み、面白いと言われた」。

「お寿司屋さんの勘定で、2万円は安い方だ」。

「音楽番組『HEY！HEY！HEY！』は見るものではなく、出るものなんだな」。

東京の仕事について。

ピカルのメンバーに「やるからには、もっと面白い事やろう」と意識改革を提案したが、そのうちに視聴率が下がってきた。番組が空回りして、皆に迷惑をかけた。

フットボールアワー後藤さんから「顔が怖いから蝶ネクタイをつけろ」と言われたが、そうすると〈マチャアキと並ぶ存在になる〉から断った。

東京進出のために、大阪でのレギュラー11本を6本に減らした。

その大阪の仕事について。

トミーズ雅さんが「千鳥はロケを好きなようにやらせてええ」と言ってくれて、忙しくなった。仕事が増えたのは、雅さんのおかげだ。

そう言いながら、いま力を入れている番組を聞かれて、すぐに「『ピカルの定理』。その他はずっと下」と答えた。トミーズと長く共演している毎日放送「せやねん」ではなかった!!

大悟曰く、「雅さんの『せやねん』出演の時はいつも二日酔いだが、1回も怒られたことない。実家感覚で、雅さんはお母さんだ」。さらに緊張する人の順番を聞かれて、ピース、平成ノブシコブシの順。トミーズはその下だった。

大口をたたいて、それをプレッシャーに自分を叱咤《しった》。自分の尻をたたいている。

自転車操業の日々なんだな、ほんとの大悟は。

実はドッキリだったとばらした後の大悟の生告白が、「実はKAT‐TUNとは緊張して、酔えなかった。ホントは」。

この小心者めが……。


（2012年10月）

豪快伝説の裏には……

千鳥《ちどり》 大悟

品川ヒロシ監督、哀川翔30周年記念映画「Zアイランド」（来年公開予定）で、敵の幹部の弟役を演じているのが、千鳥の大悟である。演技力が期待されている。

出身は、岡山の人口千人位の小さい北木島。

子供の頃、大悟が社長の息子を泣かせ、気弱な父が謝りに行って社長から怒声を浴びせられた。その帰り道、父は大悟に「何もでけんけど、頭だけはなんぼでも下げられるけんのう」。また、父がボロボロの船を買って釣りをしていたら、島の金持ちに「こんな所で釣りをするな」とボロクソに言われた。金持ちがクルーザーで去ると、父が「お前は、ああなれよ」。

子供心に、悔しさが残った。

誰でも合格する吉本の養成所NSCを受けたが、面接で質問する吉本社員に、大悟は「えらそうにやってるけど、ワシより面白いんかい」。面接官に「ケンカ売るんやったら帰りなさい」と言われ、あっけなく落ちた。

父と真逆の〈強気発言〉で、人生最初の逆風を経験した。

その後、オーディションで認められ、若くしてｂａｓｅ吉本のトップ組に昇格した。

ＴＶでレポーターをやり始めるが、ボケてもカットされることが多く悩む。そんな時、毎日放送「せやねん」のＭＣ役・トミーズ雅が「千鳥はオモロイから、2人でボケばっかりするロケ、やらしてみて」。それで出来たのが、ボケまくる「千鳥弁当」だ。一般家庭からおかずをもらって、その土地の弁当を作るコーナーで人気になった。

そこから、すぐ年間２００本のロケをこなす「最強ロケ芸人」と呼ばれるようになった。

初めてラジオに呼ばれたのもトミーズ雅だった。が、大悟は朝まで飲んでベロベロで30分も遅刻した。雅から「何時まで飲んでたんや」と聞かれて、ハッタリで「5分前まで飲んでました」。その返しがオモロイと雅に気に入られ、それからよく誘われるようになった。

大悟の「ヤンチャ伝説」誕生だ。

ザ・マンザイ決勝進出やフジＴＶ「ピカルの定理」出演と好調が続いたが、ピカルの番組終了から仕事が減り、懐事情が苦しくなった。それでも大悟は後輩をつれて遊び、若手には珍しく、給料が入っても数日でパッと使い切る。

それは、トミーズ雅の教え「どれだけ金を使っても、余る時が来る。使わないと入らないよ」を信じているから。

でも最近やっと大悟は気づいた。使い続けても、金は全然、入ってこない……。

北木島での父を反面教師に、「豪快伝説」ひとすじに生き続ける大悟。

今どきではなくカッコイイから、若者にぜひ言いたい。

「ああなれよ」。

（２０１４年９月）

優しい顔の秘密

千原兄弟
千原ジュニア

兄のせいじや妹の子供たちと遊ぶのが一番幸せなのが、千原ジュニアである。

進学校の中学に入り、点が低いと母から「この成績なに？」とよくキレられた。

クラスの雰囲気があわず、ひきこもりに。

そのうち兄せいじに誘われて、吉本のお笑い養成所NSCに入ったのが15歳の時だった。

吉本印天然素材のオーディションでは「お前ら汚いから受けなくていい」と冷たい返事。それを聞いた兄せいじは、「何を！バッファロー吾郎、入ってるやんけ」と叫んだ。

すぐ心斎橋筋2丁目劇場のリーダーになり、とがった笑いと鋭い目つきから、ついたあだ名が「ジャックナイフ」。女子のファンの黄色い声援に、「うるさい。ネタできるか」と一人でキレて、よく舞台をおりた。

東京に進出するがボキャブラ天国ブームで、全く受けなかった。そしてバイク事故にあった。出演予定の「さんま御殿」のアンケート用紙にびっしり書きこみ、バイクで出かけた所にタクシーが来て、「バイクは修理したばかりで、倒れた方が安全だがそうするとまた傷が……」と思う間もなく、前の石柱に顔面からまともにぶつかって顔がグシャッとなった。

意識がなくなって、気づくと東京女子医大の集中治療室にいた。

身内の人を至急、ということで兄せいじが呼ばれたが、酔っ払っていてクラブのホステスと一緒に来た。弟の顔が肩幅位に大きくはれていて、笑った。

せいじの本当の思いは、「これで売れるのが決まった。神様がお笑い界に必要だから弟を残したと思い、うれしかった」。

ジュニアは「顔がゆがんでて放送作家になるしかない」。芸人復帰は無理、と覚悟した。

一般病棟に移ると、多くの芸人が見舞いに来てくれ、人の優しさを知った。

顔が安定していないのに、事故後1年で復帰した。でもやはり、笑いもとれない。

ダウンタウン松本には「俺と同じ道を歩いていて苦労するやろ」と思われていて、普段から会わなくなっていた。

明石家さんまからは「見舞いに何がほしい?」と聞かれ、「レギュラー番組」とジョークで返答した。それがなんと本当に実現し、そこから仕事が順調にふえていった。

ちなみに、バイク事故での不幸中の幸いは、キム兄曰く「顔から狂気がとれて、優しい顔になった」。それは何故か。

医者から「顔の整形手術には以前の顔写真が必要」と言われ、母が沢山の中から、目が奥二重の、奇跡的にかわいいジュニアの顔写真を選んだから。

それでこわいジャックナイフ顔から、かわいいバターナイフ顔に変わったのだ。

（2014年10月）

ガサツな社交家

千原兄弟
千原　せいじ

笑いをこえて多方面に活躍の舞台を広げているのが千原兄弟のツッコミ担当・千原せいじである。TVドラマ「ATARU」では警部補を冷静に演じる一方、渋谷区幡ヶ谷では、店員全員が芸人の居酒屋「ずるずる処　せじけん」を経営している。

無遠慮で残念な兄として知られる。

学園祭によく呼ばれ、その日もイベント会社の車で大学に向かったが、車のボロさに気づき文句を言い続けた。「こんな汚い車に乗せられてテンションあがるかいっ！」。運転手は「すみません。時間がないので、社内で弁当を」とひたすら恐縮しても不機嫌なままだった。

実はなんとその運転手が、せいじが後に結婚する嫁の兄だった。

彼は妹の結婚相手がせいじだと知ると「あんなガラの悪い奴はダメだ」と大反対。結婚式にも出席せず、今でも怒っているらしい。

最近、ハードロックバンドを始めた。Greeeenなどの音楽プロデュースをしている男と飲み会で出会い、さっそく仲間気分で「俺バンドやりたい。人集めてや」と頼んだ。すぐにメンバーが集まり、バンドでせいじの役割はボイス（声）担当で、雄叫びをあげる役目。

あるライブで盛り上がって興奮し、せいじが思いつきで叫んだ。「今からジャンケン大会や。

勝った奴はメンバーに入れたる」。これにはスタッフやメンバーもカンカン。遠慮やデリカシーがなく、わがまま勝手がすぎる。

社交的で、初対面の人でもすぐ仲良くなるので、人見知り芸人から「最大の敵」と思われている。新大阪駅から新幹線に乗り、すぐ親しく話すようになった見ず知らずの女性と名古屋を過ぎて、喧嘩していた。

ベトナムロケの時、バイクタクシーの運転手があまりに道を知らないのに業を煮やして、運転手を後ろに乗せ、せいじ自ら運転した。

マサイ族の村で、村人に「あなたの子供はどれ」と聞くと、「一夫多妻なので、全員私の子供」という答え。せいじは「めっちゃやるやん」とその村人をほめて打ち解け、次の日、せいじの後をマサイ族の人々がゾロゾロついて歩いていた。

タイで全く人になつかない猿がいたが、せいじが猿のマネをして餌をやると食べ、他の猿が餌をもらうために順番待ちしていた。

オダギリジョーの発言「せいじさんが好きなんです。僕にないものを全部持ってるから」を聞いた弟ジュニアは、すぐ反論。「逆や！あいつが持ってないものを君が全部持ってんねん」。

ジュニア曰く「せいじには霊感がある」。霊を見つけると「お前こんなとこで何しとんねん」と旧友のように無遠慮に怒鳴るらしい。

せいじには、この世に怖いものはないみたいだ。

（2012年11月）

エロを超えて、どこへ行く？

チュートリアル《チュートリアル》
徳井　義実

吉本男前ランキングで２００３年から３年連続一位になり殿堂入りしたハンサム芸人が、チュートリアル徳井である。

家電芸人として、「アメトーーク」でヤマハのホームシアター用スピーカーの魅力を語った所、売上げがメーカー予想の３倍になった。

広島カープ芸人では、大ファンの大野コーチと会話でき大感激して、「本当に大好きです」と熱く告白した。

先月公開の映画「莫逆家族　バクギャクファミーリア」では初主演した。

伝説の暴走族のトップ役で、初めて金髪に染め２ヵ月の加圧トレーニングで筋肉質に肉体改造した。原作は累計４００万部突破の人気漫画だ。

徳井演じる火野鉄は17歳で関東一の暴走族のトップにのぼりつめたが、31歳の今は建設作業員としてうだつのあがらない日々。

ある日、親友の娘で、鉄の息子の彼女が暴行され、昔の不良仲間を集めて男としての誇りを取り戻すべく戦う。「かつて不良だった男が大人になってどう生きるか」がテーマだ。

育ての親役の倍賞美津子のアドリブで徳井がビンタされるシーンがあり、その迫力に圧倒された。

映画監督の熊切は起用理由を「華と影があって切なさを感じた。初めて会った時も捨て犬のような感じでした」。

現場では撮影の空き時間に、得意の下ネタでまわりを盛り上げた。出演者に「盗み聞きしたけど、異次元の内容でした」と言わせるほどの高度な下ネタだったという。

変態好きが有名で、高校時代よく女装して外出していた。

いまエロ好き仲間（吉本新喜劇のすっちー、中川貴志）とユニット『エロ三羽烏』を組み、色々なイベントを行っている。

最近では8月にコンドームを発売。3人の似顔絵が箱に印刷され、徳井は「エロを発信する者として、セーフティセックスをすすめたい」。関西の吉本の劇場で売っている。

徳井が鍛錬して作り上げた筋肉は、週刊誌・女性自身の「妄撮」グラビアで披露した。

「妄撮」とは、服の下を想像して興奮する少年の妄想をグラビアにした今話題の写真だ。

破れたワイシャツから見える徳井のたくましい二の腕、浅黒い背中がセクシーで、女子をドキッとさせる注目作になった。

エロたくましくなったボディに自信を深めて言った徳井のコメントは、「女子の妄想のお供にどうぞ」。

この挑発にのるな、日本の女子たち!!

（2012年10月）

あわやAV男優

TKO　木下　隆行

三谷幸喜にコントを演出してもらったり、ドラマ「半沢直樹」に出演したりと最近好調なのがTKOの木下隆行。東京進出5回目にしてやっとブレイクした超遅咲きの芸人である。

子供の頃、マザコンだった。中学3年まで母の乳首をいじらないと寝れないほど。

ちなみに母は夫の倒産にもくじけず、「鉄板鍋きのした」で成功し年商20億円に拡大させた肝っ玉かあさんだ。

競争が厳しい吉本より売れやすそうな松竹芸能に入ったが、まわりも同じずるい考えの奴ばかりだった。

ラップを歌うカッコいいコンビとしてすぐ人気が出て、イベントには2000人も集客。いきなり月収50万円になった。先輩をゴボウ抜きし、この業界チョロイと思った。

が、そこから苦労の連続だ。デビュー3年で東京の番組「新しい波」(今のメチャヤいけメンバーが出演）に呼ばれるが、周囲となじむ気がなく、すぐに脱落した。

2回目の東京進出はくりぃむしちゅー上田が司会の番組で、なじめず失敗。

でも大阪に戻れば、相変わらずキャーキャー言われた。

3回目は「笑っていいとも」にレギュラー出演する若手芸人として呼ばれ、タモリさんにも挨拶した。が、担当ディレクターが他局へ引き抜かれて立ち消えになった。

4回目に呼ばれたのは「内村プロデュース」だったが、その前に番組終了。

後輩に抜かれ始め、嫉妬心から安田大サーカスの売り物の紙吹雪を隠したりした。

仕事がないから金もなく、離婚した。

当時のレギュラーの仕事は、神戸のエッチな番組のみ。ヨゴレと言われようが生きるために頑張った。ある日、プロデューサーから「芸人初のAV男優にならんか」とすすめられ無理ですと答える前に、相方の木本が「顔にモザイク入ります?」。出る気か、こいつ……。

断ってから運が回ってきた。5回目は自主的に東京に住んで〈最後の挑戦〉の覚悟だった。

その頃ハゲてきてデブになり、風呂の鏡の前で色んな表情をしていると、知った顔に出会った。あわててメガネをかけると、そこに鶴瓶がいた。

笑福亭鶴瓶のモノマネ誕生だ!

鶴瓶の顔マネをいかして「爆笑レッドカーペット」で、やっと売れ出した。

苦節20年。

鶴瓶はNHK番組「家族に乾杯」で『TKO木下です』と逆モノマネをして、TKO応援のエールを送った。

さすが松竹芸能のドンだ!!

懐が深い。

(2014年7月)

怪しいブラジル風味のハーフ芸人

植野《デニス》　行雄

父がブラジル人なのに外国語が全くしゃべれないのが、ハーフ芸人のデニス植野行雄である。大阪人の母がカナダに留学中に父と恋愛。だから、彼はカナダのモントリオール生まれ。

２歳から20歳まで大阪の吹田で過ごした。

子供の頃、身体が大きくて、運動会で皆がピラミッドを組んでいる横で、ひとりスフィンクスをやっていた。

さらにボーイスカウトに入隊したら、衣装が似合いすぎと言われ、すごいスピードで出世した。

小学校中学校高校とも同じで10年先輩なのが、ナインティナインの矢部浩之だ。

大阪府立茨木西高校のサッカー部の先輩でもある。

植野はサッカー部ではリフティングもできないヘタクソだったのに、他の高校との試合ではブラジル人という見た目からサッカーがうまいと勘違いされ、マークが３人ついた。

20歳の時、父がサンパウロに帰ると言い出し、それに母もついて行ったため、突然住む家がなくなった。

それで仕方なく上京して、西麻布の芸能人御用達のバーでバーテンのバイトを始めた。

その後輩に向井理が来て「芸能界にスカウトされたけど、どうしよう?」と相談され、きっぱり「芸能界は茨の道だ。中途半端な気持ちで入っても成功しないぞ」と反対した。

でも、その2ヵ月後、人気の月9ドラマに出演していた。

お笑いが大好きで漫才師になった。

コンビ名デニスは、父の名前だ。

怪しい風貌から、よく誤解される。

庭いじりをしていると、やばい葉っぱと勘違いして警察が来た。

ある日、職務質問されて、カバンの中のアーモンドチョコを警察官がピストルの銃弾と勘違いして大騒ぎになった。

また病院で「モハメット・イブラハムさん」のアナウンスが流れ、隣のおじいちゃんに「呼ばれてるよ」。植野は関係ないから下を向いていると、そこに「植野行雄さん」の声が聞こえ立ち上がると、回りがザワついた。

最近ハーフ芸人が増えつづけ、新種の「厚切りジェイソン」まで登場してきた。

行雄ちゃんは「細切りケバブ」なキャラで対抗しようとしている。

ハーフ芸人の代表のような位置にいる行雄ちゃんだが、「ライバルは芸人じゃない。僕らはキャラものなので、ゆるキャラがライバルだ」と浮かれず冷静に自己分析している。


（2015年5月）

踊る独身貴族

浜本《テンダラー》　広晃

大阪難波で来年2月まで開いている吉本主催ダンスワークショップ「よしもとダンス向上委員会」の発起人が、テンダラーのボケ役浜本広晃である。

NGKのショー「アメリカン・バラエティ・バン」に主演しているトニー賞3度受賞の世界的タップダンサー、ヒントン・バトルも講師をする贅沢なダンス講義で、何と無料だ!!

浜本は若い頃、大阪で有名だったショーパブ「アランドロン」難波店の主任で、その梅田店の主任・白川がお笑い養成所NSC出身だったことを知り、コンビを結成した。

ショーパブではダンスのステージに立ち、そこからマイケル・ジャクソン・マニアになっていった。

自宅にはマイケルのフィギュアを集めた祭壇があるほどのファンで、自ら「ハマイケル」と名乗ってマイケルダンスを踊る。

本物のマニアかどうか審査する番組「バレベルの塔」では、〈『BEAT　IT』のラスト1分間を完コピで踊れ〉という難題にも合格。

全問正解し、マイケル賢者になった!

テンダラーは、ザ・マンザイ決勝に2年連続して出場するほどの実力派だ。

名前の由来は、ショーパブの慰安旅行先ハワイで、浜本のポケットに10ドル札が入っていたから。

以前の名前表記「10＄」は、おばちゃんの客から「円高になると安い名前や」「一人は5ドルやな」とイジられるので4年前、カタカナ「テンダラー」に改名した。

浜本は心斎橋で七輪を囲んで自分で焼ける人気店「焼鳥Ｄｉｎｉｎｇハマー」をプロデュース。

そんな実業家のやり手なのに、彼女によく浮気される。

以前、6年もつきあっていた女性の家に行くと、彼女がビックリした表情をして……。人がアワくって「アワワワワ」と言うのを初めて見た。その横には男が。

深く落ち込んだ。

相方の白川は、酒のつまみにうるさい料理好きのグルメで、特に「貝が大好物」。酒に酔うと、口癖は「女は裏切るけど、貝は裏切らへん」。

彼女に浮気されやすい浜本が選んだ相方が、「貝の味から浮気をしない」白川だったのは、運命としか言いようがない。

（2013年12月）

高校野球愛がありあまる

トータルテンボス
藤田　憲右

甲子園の話題が出ると周囲が引いてしまうくらい、高校野球を熱く語ってしまうのがトータルテンボス藤田である。

野球の名門高校だけじゃなく、全国の「初戦突破できない弱小高校」まで知りつくしている。予選大会が始まると全国のトーナメント表を取り寄せ、試合結果を書き入れる。

地方大会の楽しみ方は、弱いチームに突然変異で現れたすごい選手を発見することだ。

小学3年の頃すごいやんちゃで、「この子のパワーを何かに向けないと」という親の思いから、野球を始めた。

静岡県立小山高校では野球部のエースで、3年の静岡大会では2試合連続1安打完封を記録した。が結局、名門静岡商業に負けた。大学は野球推薦での進学をめざすが全敗。

野球への夢破れ、大学を中退し、お笑いの道へ。

23歳で漫才がやっとわかり始めた頃、松坂大輔が甲子園に登場した。別次元のヒーローの出現に、また高校野球を見るようになった。

球場にはストップウォッチを持参する。注目選手の一塁到達時間や、キャッチャーの2塁送球時間を熱心にはかるのだ。

高校野球の魅力は「高校の3年間が人間として一番成長する時期で、それが野球で見れるから」。

すごい怖そうな3年の野球部員が負けて甲子園でオイオイ泣く姿に、胸がキュッとなる。

甲子園には魔物がいて9回になるとよく試合が動く。

「魔物とは観衆」で、応援の雰囲気で委縮したりして、観客の力で熱いドラマが生まれるのだ。

藤田曰く、「皆さんもぜひ魔物の一人になって高校野球を盛り上げよう」。

藤田は高校野球で絶体絶命のピンチを体験してるから、ここぞという時も動じない。

ある番組のドッキリ企画で、次長課長の河本先輩から借金を頼まれ、藤田は「300万円なら、すぐ用意します」と間髪いれず返事した。

家族を心配され、「嫁も理解してくれて大丈夫です」。

男気を見せた。

ちなみに同企画でオリエンタルラジオ藤森が言った金額が15万円で、大ブーイング!を受けた。

藤田の男気は、固いマウンドで鍛えられている。

（2016年3月）

嫁や後輩にいじられる日々

トミーズ健《トミーズ》

吉本の養成所NSCの一期生でコンビ結成30年なのがトミーズ。相方・雅と幼稚園からずっと一緒なのが、トミーズ健である。

妻は鬼嫁で有名で、ゴロリと横になって韓流ドラマを見始めると、洗濯布団干し、掃除、買い物、食事の用意を健がしないといけない。

「ちょっとぐらい手伝えや」と言うと、「何やて、女は大変やねん」。

口答えした罰に、肩と腰のマッサージまで命じられた。

健は大学を卒業してアパレルの就職が決まっていたのに、雅の兄貴から「雅の漫才の相方になってほしい」と頼まれ、コンビ結成。

わずか3ヵ月で、NHKの漫才コンクールで2位になった。

すぐレギュラー番組をつかみ、好調なスタートに、2人は天狗になった。

4年間、舞台ではよく受けたボクシング漫才一本で、努力ゼロ!

ダウンタウンが毎日放送「4時ですよ〜だ」でブレイクするのに反比例して、トミーズの人気は急降下した。

雅は不人気の理由を健のせいにして、別の相方を見つけた。しかし、吉本のマネージャーに

「コンビ代えたら売れる確率0％やぞ」と説得され、健と再スタートした。

心を入れかえて新作漫才を30本作り、なんば花月で演じた。漫才漬けの日々だったが、その間TV出演全くなし。でも腕を上げて、とうとう上方漫才大賞を受賞するまでになった。

幸運続きで、フジTV「笑っていいとも」のレギュラーが決定！

だが1年後、健だけクビに。こんな逆境でも健のいいところは、ひがまないこと。売れる雅を横目に、こつこつ漫談をしていた。

こんな健に「笑われる才能」をみつけたのが、女性芸人なるみだ。

いじればいじるほど面白くなる「いじられキャラ」として、健がブレイクした。

間抜けなのは、44歳の時に35年の住宅ローンを組んだこと。

いじられ人生が、まだ26年も残っている……。

間抜けなことは健につきもので、その代表的なのが、コンビ20周年のロケで中国の海南島に行き、公安当局から謹慎処分を受けたことだ。

雅の絶妙なつっこみ「尻をだすなよ（逆の意味がある）」にそそのかされ、「おけつ、かいなんとう」と言いながら尻を出してかき、厳重処分を受けた。

すぐ人を信じ、人のいいのも程がある。

今年、30周年記念で何かやらかさないか、心配半分期待半分である。

（２０１３年９月）

青春の勇み足

ナインティナイン
岡村 隆史

「笑いに頑張りすぎ」ていたが病気をして自然体に目ざめ、今、リラックスしていて幸せそうなのが、ナインティナイン岡村隆史である。

吉本印天然素材では、人気が下から2番目で、〈どうでもいいコンビ〉扱いだった。

さらに軽薄なアイドル人気に危機感を抱いて天然素材から脱退し、次へのステップを画策した。

TVコントに挑戦したのだ。

一方、天然素材の番組が終了した日。

その打ち上げで、プロデューサーが「またこのメンバーで番組をやりましょう」とお決まりのあいさつをした。

しかし、新番組はナイナイ単独の「ぐるぐるナインティナイン」に決まっていて、知らないのはナイナイ以外の天然素材のメンバーのみ。

メンバー全員が集まった楽屋のテレビで、新番組の予告が流れた時、岡村は居場所がなかった。

「東京では誰も信用できない」が彼の口癖になった。

唯一、ストレス発散できたのがラジオ大阪の番組で、週一の大阪が待ち遠しかった。
そこで好き放題しゃべり、摩擦も生んだ。

〈千原ジュニアとの不仲〉

大阪のレゲエクラブで、客と言い合いしているジュニアを見て怖くなり、番組で「ジュニアが好きじゃない」と発言。

それを聞いたジュニアは「岡村に会ったら、しばきます」宣言をした。

〈ダウンタウン松本との確執〉

当時、ポストダウンタウンと呼ばれて天狗になっていた。

松本人志の笑いに心酔して生意気なお笑い論を語り、反発を食らった。

松本は著作『遺書』で、「ナインティナインはダウンタウンのチンカス」と切り捨てた。

しかし今年4月、吉本百周年で大阪難波のNGKに全芸人が集まった『伝説の一日』。

松本から、面とむかって「これからも頑張りましょう」と声をかけられ、岡村は背筋をピーンとのばして、正座して聞いていた。

昔のわだかまりを水に流せた一日になった。

（2012年12月）

笑いに真面目すぎた男

ナインティナイン 岡村 隆史

「もっともっと面白くなりたい」と頑張りすぎて病気になり、今はふっきれたのがナインティナイン岡村隆史だ。

吉本印天然素材で評価の低かったコンビを浮上させるチャンスが、ABCお笑い新人グランプリだった。

岡村は作戦を練った。

当時、大阪ではコント全盛だったので数少ない漫才で挑戦し、決勝9組に残った。

その時、FUJIWARA藤本から「お前ら、数合わせで残っただけや」と言われ発奮した。

ここから岡村の、矢部への漫才講座が始まった。

まず動きを出すため、すぐツッコまず、一回逆を向いてからツッコむ練習。

次に、岡村がボケを言い終わる前にツッコむ練習。

どちらも憧れの「先輩漫才師ベイブルース」のビデオを参考に、繰り返しやった。

そして、本命・雨上がり決死隊を破って優勝できた。

岡村の策が当り、実力が認められたのだ。

そこで覚悟をきめて天然素材をやめると東京でTVの仕事が増え、いきなり全国区の人気者になった。

その間ずっと、矢部は岡村の意見（ツッコミの数を増やせ等）に反対せず聞き続けた。

岡村は、コンビの活動は「全部ひとりでやっている」気持ちで、TVスタッフの求めに完璧に答えてきた。

そして「自分は何でもできる」とうっかり勘違いしたまま、20年が過ぎた。

一昨年、沖縄での映画「てぃだかんかん～海とサンゴと小さな奇跡～」撮影で沖縄方言のセリフがうまくできず、役者を勉強しなおしたいと考え、ナインティナイン20周年の一人舞台「二人前」に挑戦した。

でも何故、コンビの20周年なのに一人舞台なの？

でも何故、そのタイトルが「二人前」なの？

岡村は舞台台本の練り直しに苦労し、2日間一睡もしなかった。「脳で小人がパソコンを打っている」妄想にとらわれ寝れなくなり、ついに頭がパッカ～ンとはじけた。そして、長期入院！

きついうつ病から回復した岡村が「俺はもう、これ以上面白くなることはない。笑いのセンスって変わらへん」という「変わらない宣言」をしたが、この〈アンチ完璧〉の姿勢こそ、岡村が「変わった」証拠である。

ああ、快哉!!!


（2013年1月）

願いかなって大阪で番組

ナインティナイン
岡村　隆史

大阪で番組を持ちたいという念願がやっとかない、19年ぶりにレギュラー番組「なるみ・岡村の過ぎるTV」（朝日放送）に出ているのが、ナインティナイン岡村隆史である。

大阪にいるだけで解放感があるという。

東野先輩から「大阪で番組をやるなら、まずメッセンジャーあいはらに挨拶しないと」と指示され、彼に会いにいった。

そこで、大阪芸人たちの兄貴分あいはらは、「東京で活躍する芸人が大阪で番組すると、大阪芸人の仕事が減るのでみんな警戒する。いま大阪で売れてるシャンプーハットや次待ちのダイアンはきっと、ため息ついて、『またかっ』。その最後の大物が岡村さんだ。浜田さんはパッと来てパッと帰るから害がない」。

岡村は、「売れない頃に東京に出たけど、住民票は今でも大阪においたまま。矢部はすぐ東京に移して心を売ったけど……」。

この番組で、東京と大阪の違いを知った。

東京の観光地のロケでは、ロケバスに乗り4人の警備員がつくと話すと、あいはらは「大阪は狭いハイエースです。三脚の上に足をおき体を縮めて座る。1年目の新人がディレクターをやり、カメラ長回しの編集下手が多い。昼飯を訪問先ですますこともよくある」。

岡村が驚いたのは、スタッフの打合せの雑さだ。

「これしてこい」とザックリ言うだけで、あとはなんと現場任せ！

岡村の大阪初ロケは、街ブラの定番・天神橋筋（日本一長い商店街）を歩き、道行く人と交渉して「家の風呂に入らせてもらう」ロケだった。

はじめ声掛けも出来なかったが何とか成功して、大阪ロケの楽しさを実感した。

大阪のテレビ局に来てうれしいのは、大阪のタレントに会えること。

メイク室で「かつみ♥さゆり」のさゆりさんに会い、ボヨヨ～ン談義をしてテンションが上がった。

夢まで語った。

「淡路島に移住して『オカムーランド』を作り、へびいちご高橋を管理人にすること」。

テレビに関して、「大阪で花を咲かせたい」。

そして強い希望は、「長く続く番組を大阪で2つ持つこと！」と語ると、あいはらは岡村のその本気さに「大阪のアリ（芸人）がむらがってくるゾ」とニヤリほくそ笑んだ。


（2014年1月）

スーパースターの少年時代

ナインティナイン
岡村《おかむら》　隆史

大阪でレギュラー番組を持ちたいというナインティナイン岡村の夢がかない、幸せそうにトークしているのが、朝日放送の番組「なるみ・岡村の過ぎるTV」。

しかし、オンエア期間が6ヵ月の約束で、この3月末に放送が終わることを悔しく思っている。

この番組で、岡村の私生活が見えてきた。

小学5年まで6年間かよったのが、大阪市東淀川区の名門「スペック体操クラブ」。

体が硬く股わりが苦手で、厳しい指導についていくのが、やっとだった。

鬼コーチの「痛みなくして、得るものなし」は岡村の人生の指針となり、岡村の「生真面目な生き方」を支える言葉になる。

後のうつ病の遠因は、ここにある。

中学の同級生が、岡村の思い出を語った。

仲間とブレイクダンスに夢中になり、関西の大会で見事1位になった。

ヨーヨーではチャンピオンになり、アイドルでは新田恵利の熱烈なファンだった。

数学の清原先生の愉快な怒り方をモノマネしたが、先生が最後の授業で言った感謝の言葉「俺みたいなしょうもない授業を面白くしてくれて、岡村ありがとう」にクラスの皆、感動した。

高校では1年位つきあっていた彼女に喫茶店に呼び出され、そこに男を連れてきた彼女が「この子、好きになったからゴメン」。

この別れ方のひどい仕打ちがトラウマとなり、これ以降長く、女性不信におちいった。

今も、男女間の友情は成立せず、女性が他の男と食事に行くのも許せない、というほどの潔癖主義のままだ!!

いまだ独身なのも、仕方ないか……。

現在の東京生活の楽しみについて。

「友達がいない。これまで仲間と思っていたCOWCOWは売れてしまって、遊んでくれない」。

「朝の3時にラジオが終わると、近くのスーパーで残ってる刺身盛り合わせを買って、明日大阪やな、と思いながら焼酎飲んでる時が一番幸せで……。普段は30畳あるリビングに小さいちゃぶ台をおいて、ささみの缶詰食べながら焼酎を飲んでる」。

これがスーパースターの日常なら、凡人でいい。

（2014年2月）

優しすぎる男

ナインティナイン
矢部《やべ》　浩之《ひろゆき》

優しすぎて、青木アナとの結婚に踏ん切りをつけられないのが、ナインティナイン矢部浩之である。

コンビ仲のよくない芸人が多い中で、「芸人で好きな人」と聞かれて「相方の岡村さん」と答えるほど仲のいいコンビだ。

それというのも、「ナインティナインが売れたのは、岡村の見た目と動きで、天性のボケ能力がずば抜けているから」と冷静に分かっているから。

矢部が一番苦しかったのは、デビュー直後の吉本印天然素材のころだ。

「面白くやろう」と思えば思う程、自分の芸のなささを実感した。くさるばかりで「オモロいのは岡村。それをいかせばいい」と気づくのに時間がかかった。

また、岡村の父からは、当時も売れた後も、息子を公務員にする夢を裏切った矢部を許さず、怒りの目で見られていた。

矢部がふっきれたのは、フジTVのバラエティ番組「とぶくすり」の生放送で、その場を仕切る司会をやってからだ。

スタッフから「皆がすべったら、君のせいだ」とプレッシャーをかけられ、岡村からは「君には無理だ。まだ早い」。そんなまわりの不安を吹き飛ばすほど上手にやれ、自信をつけた。

一方、岡村は〈世間の多くが岡村はオモロいと認めている〉のに、本人だけが認めない。

意地になってオモロいことをしようとする岡村に、矢部はある危うさを感じていた。

そして、ついにその日が来た。

仕事をやりすぎて精気をなくした岡村を見て、矢部は決心した。

魔物の「笑い」から遠ざけて、休養させるしかない、と。

「岡村さん、休みましょう」。

青ざめた顔で「それだけは勘弁してくれ」と駄々をこねる岡村を説得し、病院へ入れた。

復帰できるか心配だったが、その間ナインティナインの砦は、矢部が一人で守った。

一方、抜け殻状態だった岡村は「もっとボケろ」のプレッシャーから逃れて、やっと安静の日々が訪れた。

岡村が復帰して変わったこと。

それは矢部の天敵、岡村の父から「矢部さん、隆史を見捨てんといてください」と言われたことだ。

岡村も父も生まれ変わって、やっと気づいた。

「矢部の優しさこそが、岡村のオカシさをピカピカ輝かせていたんだ」と。　（2013年1月）

ダイマル譲りのいたずらっ子

中田カウス・ボタン
中田 カウス

大阪の朝日放送で、この5月から月一回、伝説の漫才師の魅力を語りつくす番組「漫才のDENDO」を担当しているのが、中田カウスである。愛媛県の今治出身。

大御所についての解説ということで「夜な夜な師匠方が夢枕に立つ」ほど、プレッシャーを感じるという。

漫才界のご意見番であり、売れない頃の大木こだまが悩んだ末、時勢にあわせたテンポあるしゃべりに変えたのを見て「お前は粘っこいしゃべりが味だから、変えるな」と進言。

そこから、「今の大木こだま」が誕生した。

ビートたけしと親友で、たけしは彼を「あんちゃん」と呼ぶ。

カウスが大阪で夜バイトしていたバーの常連客がボタンで、漫才の相方に誘った。

初舞台は奈良の少年刑務所の慰問だった。

半年前から練習したネタなのに、ボタンがとちるので「何あがっとんねん」と叱ると、ボタンは「前に同級生がおってん」。

初めてジーパンを着て漫才をやったコンビで、若者からアイドル人気を得た。

とにかく、いたずらが大好きだ。

今いくよ・くるよに、テレビ局の人間になりすまして「漫才の稽古に熱中している所を撮りたいので、正月海辺で晴れ着を着て稽古してください」と電話した。

晴れ着で稽古する2人を船に乗って見て大笑いした。

ダウンタウン浜田には、着てきたジャケットを五寸釘で壁に打ちつけ、ぶらさげた。

楽屋で寝ていた人生幸朗師匠のメガネのレンズをマジックで真っ赤に塗って、耳元で「火事だっせ」と叫んだ所、楽屋中をのたうちまわって驚いた。

飛行機に人生師匠と乗りあわせ、師匠の紙袋に備え付けのヒザ掛けを隠して、夜中に電話した。「航空会社の者ですが、ヒザ掛けないですか」。

「ワシは人生幸朗や」と怒った師匠だが、ヒザ掛けが見つかり平謝りした。

カウスが語る大師匠中田ダイマルの逸話がある。

藤田まことと地方で漫才の営業をし、沢山の紙幣をもらって丁寧に枚数を数え、まことに一枚だけ渡すとまわりがどっと大笑いした。

が、帰りのタクシーで、さっきのは冗談やと謝り、ギャラの半分を渡した。

いつも笑いを取ることばかり考えていたダイマル師匠に憧れてきた中田カウス。

つまり、師匠譲りの「いたずらっ子」なのだ。

（2012年8月）

めざせ、五輪

南海キャンディーズ
山崎　静代

映画「フラガール」で見事にフラダンスを踊りきったのが、南海キャンディーズのしずちゃんである。

ふだんのノンビリした口調や動きからは想像しにくいが、もともと運動能力が高く、中学では砲丸投げで大阪大会5位、高校では女子サッカー部でミッドフィルダーとして活躍していた。

今は、ボクシングに夢中だ。

ボクシングを始めるきっかけは漫画「あしたのジョー」。4年前に読んで感動し、ジム通いを始めた。そのうち、幸運にもNHKドラマ「乙女のパンチ」の主役のプロボクサーに抜擢され、ボクシングの演技指導をする名トレーナー梅津正彦に出会った。ドラマが終わってからもトレーニングを続け、C級ライセンスのテストに挑戦した所、合格した。

そこに、女子ボクシングがロンドン五輪の正式種目に採用!! とのニュースが届く。

「一生懸命にやれるチャンスをもらった」と目指すことを決意。

朝は、5キロのロードワークと500メートルのダッシュ5本、仕事の合間にシャドーボクシングをして、夜は梅津トレーナーと3時間のトレーニングを繰り返した。

指導される必殺技は、「あしたのジョー」矢吹丈の得意技・クロスカウンターだ。

昨年3月、高松での代表選考会にエントリーしたがヘビー級の選手が他にいなくて、1階級下の選手と初めて公開スパーリングを敢行した。

その技術が評価され、ヘビー級初代王者に認定された。

今年の5月、西宮での強化合宿ではガードの甘さが目立った。

6月には韓国・木浦にボクシング武者修行！初めて同じ階級の韓国強豪選手と2分4ラウンドのスパーリングをし、「五分五分。すごく成長している」と評価された。

そして先月、台湾での初の国際試合に挑んだ。同級には、台湾人2人にベトナム人1人だけ。初戦の相手は台湾の選手で手数が多く、1ラウンドに連打を浴び、スタンディングダウンをとられた。2ラウンドから立ち直り、互角に打ち合ったが、判定負け。

梅津トレーナーは「必殺技が出ず、このままではオリンピックに行けない」。

しばらくして相方の山里が試合会場に着いたが、もう試合が終わった後だった。

しずちゃんは泣きながら「いつもタイミング悪いな、この相方……」。

梅津トレーナーは「五輪に行きたいなら、もっと集中しろ」ときつく叱った。

「練習着やグローブをホテルに忘れて、組み合わせ抽選に手ぶらで現われ、練習する気がないのかと怒った」。

あしたのジョーの丹下段平のように、心を鬼にして言っているのが伝わっているだろうか？

（2011年10月）

ジェラシーに燃えて、クズになる

南海キャンディーズ
山里　亮太

コンビ結成10年で初めて相方のしずちゃんから誕生日プレゼントをもらい感激したのが、南海キャンディーズの山里亮太である。いま36歳。

最初に組んだ漫才コンビは、「足軽エンペラー」だった。相方の舞台でのミスを厳しくしかりつけ、相方が辛抱できずに解散した。

「イタリア人」という名前でピンで活動していたが、売れるための戦略を考えた。男とコンビを組んでも競争が激しく勝てる見込みは少ないと読み、男女コンビがいいと判断。

当時、女性芸人では面白さで、しずちゃんが抜けていたが、しずちゃんはコンビですぐにでも東京に進出する話が浮上していた。山里は行かれたら終わりだと、しずちゃんにウソ情報をささやく。「東京では若手にチャンスがなく自滅するよ」。

さらに彼女が好きな漫画を調べて読み、大好きなケーキバイキングに誘うなど、とことんアピール。なんとしてでも相方にほしかった。

この努力が実って南海キャンディーズを結成し、読み通りすぐに売れた。

山里は陰口好きで、つい口をすべらせる。「キングコング西野は大嫌い。すぐゴールデンに出て、ムカつく」「品川祐に若い頃いじめられた」。

そのうち、しずちゃんが映画「フラガール」やドラマ、CMに出だして活躍の場を広げ、片や仕事が減った山里は嫉妬の鬼になり、愚痴ばかり言っていた。「しずちゃんがしゃべって受けた所は俺が事前に考えたネタなのに、相方ばかりほめられて……」。

コンビなら当然なのにむかつき、漫才で相方がいうオチを先に言って困らせた。

さらに、しずちゃんが女優仲間と旅行に行くと、山里は他の女性芸人が頑張るDVDを送りつけて怒りの電話までした。

しずちゃんが茶髪にすると、「笑いをとりにくいし。それよりネタの一つも考えてよ」。

そんな山里のふるまいを見て、先輩のメッセンジャーあいはらは、しずちゃんに「我慢したってや。山里はクズだから。」。

それでも愚痴をこぼし続ける山里にあいはらが切れ、胸倉をつかんで「ええ加減にせえ。しずちゃんがお前をかばって何て言ってるか知ってるか。私は山ちゃんに拾ってもらったんで解散は絶対にしません。ああ見えて、私を演出してくれてるんです、って。皆にそう答えてるんやぞ」。6年以上もかばいつづけてくれたしずちゃん。山里は自分の醜さにやっと気づいた。

しずちゃんがボクシングでロンドン五輪をめざしてから和解した。

しずちゃんの弱点は優しすぎて、パンチが打てない所だ。

トレーナーはサンドバックを「山ちゃんだと思って打て!!」。

すると見違えるほど、パワー全開だ!

（2013年4月）

天下国家を考える

西川のりお・よしお
西川　のりお

小説『オカン』で文学賞を受賞し、現在BSの番組「人間政治家に迫る」で有力政治家と真摯に対談しているのが誰あろう、西川のりおである。

キレ芸の元祖と呼ばれたイメージとは、全く違う立ち位置にいる。

のりおは、5人兄弟の三男坊で末っ子。

オカンは女だてらに運送屋を経営し、勝ち気で節約家だった。

子供の頃いじめられると、オカンはいつも言った。「人間、何か取り柄がないと。ここぞという時、勝ってみろ」。オカンの言葉にあおられて相手を投げ飛ばした。暴走気質はこの時、生まれた。この後ピンチになると馬鹿力を出し、その場を乗り切った。

小学6年の春、梅田コマ劇場の楽屋口で、大好きな植木等をみつけて「僕オモロいから弟子にしてください」。当然断られた。

高校1年の夏、仲間に誘われ梅田花月へ行き、丁度売り出し中のやすしきよしに爆笑した。さらにネタ中に「何や、安もんのズボンはいて」と舞台から声をかけられ、きよしにいじられた。これをきっかけに楽屋を尋ねるようになり、卒業後きよしに弟子入りした。

当時きよしはボケ役で、漫才の面白い方と思い込み、きよしを師匠に選んだ。

が、麻雀漬けの師匠についていけず、2ヵ月で破門になった。

松竹芸能に所属をかえ淀公一公二というコンビを組み、スピーディな漫才でデビューしたが1年後解散。次に横中バックケースというコンビを始めるが、困ったことに相方のしゃべりにリズムがなく、全く受けない。そこでオカンの口癖を思い出し、ピンチの時の馬鹿力、相方を力一杯、観客席に放り投げたら大受けした。

それからは舞台袖にぶらさがって〈ターザンのように叫ぶ、センターマイクにかぶりつく〉などやりたい放題。最後は劇場関係者が困りぬき、出入り禁止になって、あえなく解散した。

上方よしおに出会ってから運がつき始め、吉本から復帰話が来て、うまく漫才ブームの波に乗れた。「ツクツクボーシ」「ホーホケキョ」「ツッタカター」など人気ギャグも連打した。

不動産にも手を出し、本『ゼニはこう貯めるんや!』を出版したが、4年後に出した本が『オレの銭かえせ!』。

「甘い話にのるな」と言っていたオカンが糖尿病で死んだのは、16年前だ。

その年の冬、きよし師匠から「お前が吉本に復帰できたのは両親のおかげやぞ。2人が土下座して謝りはったから、俺は許したんや」。

死ぬまで師匠への土下座を、のりおに隠し続けた両親。

今の誠実に政治談議するのりおを支えているのは、両親への深い感謝なのだ。

(2011年2月)

子供の頃、不幸芸人

2丁拳銃
小堀　裕之

合コンが大好きで「家に帰りたがらない男」と呼ばれているのが、2丁拳銃のボケ担当・小堀裕之である。

テレビ出演がないのに週に2、3回しか家に帰ってこないので、子供から「パパの存在価値なしや」。子供にあいそつかされている。

妻の真弓さんは生活費5万円でやりくりするギリギリの生活で食費に金をかけられず、毎日カレーを食べさせていたら、子供たちがカレー嫌いになった。

「爆笑BOOING」第7代グランドチャンピンやNHK新人演芸大賞（演芸部門）の大賞など数多くの受賞歴がある実力派漫才師であり、ネタ作りの才能もある。テレビ大阪「吉本超合金」ではFUJIWARAと破天荒なロケに挑み続け、伝説的な番組になった。

歌唱力もあり、デビュー曲「逢いたくて」は、関西でヒットした。

漫才師としては一級品だが、その影には暗い過去があった。

子供時代、不幸の連続だったのだ。

祖父は地元で議員をしていて裕福だったが、ドラ息子の父親が離婚を繰り返して、財産を食いつぶしてしまう。

自己破産をなんと2回も経験することに。

小堀は両親の離婚で母親に引き取られるが、小堀家の跡継ぎがいないということで父親の実家に引き戻される。その時の手付金が40万円。

しかし、そこでの生活が耐えられず、母のもとへ逃げかえる。

父はその後、再婚相手と離婚し、母とよりを戻すが、また離婚し……。

浮気性が止まらなかった。

母は母で、マイペースな人。

小堀が小学5年の頃、母にスナックに連れていかれ、寝込んでパッと起きたら、母が近所のタバコ屋のおっさんとディープキスしてるのを目撃した。

屈折した幼少期を過ごしたからか、いま弾けた人生を送っている。

そこで、「家に帰ってこない」と不満な嫁の前で、ドッキリ番組が仕掛けられた。にせコンパの飲み屋で、小堀が若い女の子に熱弁した発言。「芸人自身つらい時でも笑いをとれるのは、愛や。人に配れる愛があるからや」。

それを目撃した妻の思いは「人に配る前に、家庭に配れよ」。

あの父の跡を追いかけるのか、家族愛を追い求めるのか……。

悲しい子ども時代から逃げるために、遊ばざるをえない不幸芸人、小堀。

自分の才能に気づき、「本物の漫才愛」に目覚める日がすぐ来ると信じたい。（２０１１年４月）

コントに取りつかれた女

日本エレキテル連合
中野　聡子

ユーチューブのチャンネル「感電パラレル」で毎日、コント動画を公開し、いま登録者数（無料）が約16万人なのが日本エレキテル連合。そのネタを作っている方が中野聡子である。愛媛県今治市出身。

「イケメンホストのユキヤ」や「田所先生」など数多くの人気シリーズ動画を発表し、その面白世界が再評価されている。ユーチューブの『好きなことで生きていく』キャンペーンガールにも指名された。

中野は「バラエティが苦手でコントでしかアピールできないのに、そのコント番組がなくなった。自分たちで発信するしかなく、ＴＶからネットに戦場を変えただけだ」と発言。

短大では日本画を専攻した。

卒業して下着のデザイン会社に就職するが、人見知りで水にあわずすぐ退社した。

ブラブラしていたが、お笑いをめざし松竹芸能の養成所に。そこで同期でたった一人の女性、橋本と出会う。初めは2人ともピン芸同士で、笑いは圧倒的に中野がとっていた。

橋本は笑いのセンスで抜きんでている中野に「コンビを組んでほしい」と直訴した。

何でもするから、と土下座までした。「何でもするなら組んでやるよ」と中野は上から目線でOK。コントを書く以外の雑用まで橋本にさせている。

松竹芸能でのコンビ名は、日本パブリック連合だった。

この頃、コント好きから衣装を大量に買って、莫大な借金を作り、事務所を退社した。中野は業としか言いようのない「生まれつきのコントマニア」なのだ。

タイタンに移籍して、東京で再出発。住んだのは憧れのコント芸人志村けんの出身地・東村山。その賃貸の家には、衣装や小道具がそれぞれ500以上あって、部屋の中がゴミ屋敷状態になっている。冬には雪を溶かして飲んで暮らすほどの貧乏だった。

そんな極貧状態でも「コント愛」は変わらず、逆にそれが過ぎて、狂気を秘めた方向に走ってしまう。TVのオーディションで「ニジマスの精霊」コントを演じた所、ディレクターから「TVに出る気あんのか。なめてる」とこっぴどく怒られた。

中野は人生でやれないことをコントで実現。コント人生を生きる喜びを満喫している。

もともと生き方が地味で、自分にないものを持った人に憧れ、例えばヤンキーの設定を書く。

コント「ナニワシンドローム」。大阪でたこ焼き屋をやっていた男女がサラ金で借金をして逃げ回る話で、アドリブで出た台詞が「われぇ、働きにいきや。腹におんねん、あんたの子が」。

ここからストーリーが動き出す。妊娠までコントにして、疑似妊娠を生きる。

発表の場が「感電パラレル」だけに生きてる実感をかみしめ、骨の髄から「コント人生にしびれたい」のだ。


（2015年9月）

家族思いパパ

ネプチューン
名倉　潤

仕事が終わるとどこにも寄り道せずすぐ帰宅するので有名なのが、ネプチューンの名倉潤である。理由は「子供が起きているうちに帰りたいから」。

初めジュンカッツというコンビでツッコミを担当。相方が引退し、ボケ2人のコンビ・フローレンス（原田泰造、堀内健）から、つっこみ役がほしいと頼まれ、トリオのネプチューンを結成した。

濃い顔立ちから自他ともに認めるタイ人顔で、あだ名が「ナパ・チャット・ワンチャイ」。以前、タイ国商務省が主催したキャンペーンの『タイ・セレクト』広報大使に就任。タイの民族衣装で登場し「サワディーカップ（こんにちは）」と手を合わせて挨拶した。

「生まれた頃は色白でヨーロッパ系だったのが中学高校で中東、20歳でタイに落ち着いた」とか。気分を質問され「この役は俺しかいないでしょ、芸能界で。他の人がやったら腹が立つ」と自信満々に発言した。名倉を広報大使に起用したタイの責任者も「私たちにもタイ人らしく見える」と太鼓判を押した。

実は、爆笑問題の番組で、タイ人なら無料で入れるアンコールワットに名倉が無料で入れるか、実験をして成功しているのだ。

なのに、タイ名物のパクチーとパクチーが入った料理が食べられないんだって。代表的スープ・トムヤンクンは、パクチーを除いてもらわないと食べられないという。

渡辺満里奈と結婚し、おしどり夫婦として知られている。

初めての共演で一目見て、満里奈は「なんてカッコイイ人なんだろう」とキュンと来た。一目ぼれした。

交際は、名倉の方から「結婚を前提に」申し込んで始まった。

プロポーズは食事の時に、名倉が正座して真剣に申し込んだ。

満里奈は名倉との結婚を自分の両親に伝えた時、母親が「あの方はタイ人でしょ?国際結婚になるけどいいの?」と心配したとか……。

結婚1年目に妊娠9週目で赤ちゃんが動かなくなり流産した。つらい経験から1年後、待望の長男を出産。

名倉は今でも家族全員と毎日キスしている。満里奈は夫婦円満のため「名倉を立て、TVで絶対にけなさない」。家の中では「カチンと来た時、すぐに言い返さないようにしている。少し時間をおいて落ち着いてから、『あの時の話だけど』と改めて話し合うようにしている。」

満里奈の育児本の出版イベントで、「名倉の育児は何点?」と聞かれ、満里奈が「120点満点」。「満里奈の育児は?」に、名倉は「150点満点ですね」。2人でほめあって2人はいいでしょ。でも回りはポカン……。

（2016年10月）

ストレスがたまる一方の人生

NON STYLE
石田　明

M－1王者になり女子中高生に熱く支持されているコンビがNON STYLEで、キモくない方が石田明である。ウザイと後ろ指さされてもいつもポジティヴな相方・井上とは逆に、面白いネタで爆笑をとっても自信が持てないネガティブ野郎である。

狭い市営住宅に10人の家族で住み、TVはなし。寝るのはトイレの前の廊下。食生活も貧しく、「もやしだけの鍋料理をすき焼き」と思っていた。だから、骨がスカスカで、ふり返っただけで筋骨にヒビ。デコピンしただけで中指が粉砕骨折したほどだ。

対人恐怖症でふさぎがちな性格を直すためにお笑いを始めた頃、バンドをやめた同級生の井上と再会した。神戸三宮で漫才のストリートライブをやったら、大勢集まった。

baseよしもとでデビューしてすぐ、父親の多額の借金を知らされ、保証人になった。ここから「返済に苦しむ日々」が始まる。芸人としては漫才がうけても、トークになると何もできず、「うつ病に悩む日々」が続いた。病院に通い大量の抗うつ剤と精神安定剤を飲んで、その副作用か、夢遊病に悩まされた。「自分にむいてない。芸人やめたい」と思うばかり。

そんな時、ある先輩と出会った。丁度M－1グランプリに優勝したブラックマヨネーズ吉田だ。いきなりツーランク上のタレントとの共演が増えて、精神的にまいっていた。

同様の弱ってる芸人をさがすと、心療内科に通っている石田がいた。

吉田から「番組中にストレスで手がしびれてくるんやけど」と症状を言うと、石田は「それは過呼吸からですね」との返事。同じく吉田の「寝ていて、突然息の仕方がわからなくなって……」の相談には、石田が「僕は正常な呼吸のリズムをメトロノームに記憶させて、それを聞いて呼吸してますよ」。吉田「マンションの8階から飛び降りたくなるんやけど」の質問には、石田「うちのベランダにはしっかり鳩除けネットをつけてます」。

吉田は、この用意周到な返事に感心した。石田はこんなに面白い先輩でも悩むのなら、自分の心配なんて小さいものだと気持ちの整理がついた。

吉田からの助言は、「石田は客にあわせた笑いをやろうとしている。『自分がオモロイ』と気づき、オモロイと思ったことだけを言えばええんや」。

これで石田は自信がつき、それから約1年で関西のお笑い賞を総なめできた。

石田は子供の頃、貧乏で遊べなかったトラウマから、大のおもちゃ好きだ。なかでも人生ゲームが好きで、3年かけて自分で考案した人生ゲームが、「アンラッキー花札」。「空気読めないヤツ」「マナーの悪いギャル」などの手持ちの札を使ってマイナスを積み重ねるゲームである。

遊べば遊ぶほどストレスをためこむゲームで、これこそストレスだらけの石田の人生を象徴している。

（2015年10月）

ナルシス王子

NON STYLE
井上　裕介

ナルシストキャラに浸りきり自分を勘違いしまくっているのが、NON STYLEのつっこみ役、井上裕介である。自身のブログではイケメンを気取って流し目でこちらを指さし、ブログのタイトルも『みんなのアイドルになりたくて』。

先月は、なんと筋肉質な上半身裸のセクシーショットを披露した。

写真につけた言葉が「おれに恋しても知らないぞ」。これを見た女性に向けて、「ファンのためにも、セクシー写真をこれからも撮り続けてやる」だと……。

もともと神戸学院大学ではバンドを組み、若くして「音楽でのアイドル」を目指していたとしても、ね。

自己愛もひどくて、ツイッターでは「メンズエステなう。また美しくなってしまう」。

髪型を左右非対称のアシンメトリーにして、理由を聞かれると「右側の井上と左側の井上、両方を楽しんでほしいから」。その後、東方神起ジュンスや石川遼の似た髪形を見て、自分のをまねしたと言い「僕もスターの仲間入りですね」。

本番前、メイクには触らせない。その訳は「俺の輝かせ方、俺が一番よく分かってる」。

実は、〈勘違いを気づかせる賞〉をいくつも取っているのだ。

まず、顔を洗って出直してほしい芸人アワードで、「ブサイクなのに、うぬぼれ男」のグランプリ受賞!! 喜びの声が「すべての賞は僕に集まる」だった。

賞品のダブ1年分をもらって「来年の今頃は、マツジュンみたいにキレイになるかも」。

よしもとオシャレ芸人のダサイ部門で1位になって「僕の美的センスが先に行きすぎて、ついてこれないいんだろう。早く皆おれについてこ〜い」。（誰か早く、勘違いに気づかせて）

能天気と紙一重の迷言や行動は数知れず。

「何回もの好きという言葉よりも、一度のキスの方が安心する」

「好きになったその愛情がガソリンになって、走り出したら止まらない」

「収録終わり!スタジオを出たら、空が泣いていた。朝は、あんなに微笑みかけてくれたのにぃ〜。ショックだわぁ。傘持ってないよ〜!! まぁ、水もしたたるいい男ってことで」。

「目があった女性とはすべて恋をしていきたい」！（なら、ＩＫＫＯと目があったら、どうすんの?）

鍋料理に、おいしくなる調味料と称して、「投げキッス」を入れていた！（なら、チャン・グンソクは世界一のシェフになってるわ）。

もうっ、お気楽にもほどがあるっ。


（2012年2月）

代役ロッカー

NON STYLE
井上　裕介

かなりのナルシストであり、自分を勘違いしすぎたコメントでよくブログが炎上するのが、NON STYLE井上裕介である。

大学でバンドをやり今、Day of the legend の名前でソロ歌手活動をしている。

この5月、ロックバンドｆｌｕｍｐｏｏｌから、メンバーのギタリスト阪井一生が「太りすぎ」で活動休止し、井上が「ビジュアル面での代役」として加入することが発表された。

なんと公式サイトではすでに阪井は消え、井上の画像に差し替わっている。

井上は「阪井に顔が似ている」「ギターがそこそこできる」「ボケつっこみができる」という選考条件をクリアしていたから選ばれたらしい。

音楽雑誌「ＰＡＴｉ・ＰＡＴｉ」７月号の表紙には、メンバーの一員としてカッコつけた写真が掲載されている。

ミュージックビデオではずっとメンバーであったかのようにギターを演奏している。

茶番だという世間の声も気にせず、井上は「絵になるね」と舞い上がっている。

一方、阪井は「ロックバンドらしからぬ体型」になったので、ダイエットして80キロ台から64キロへの減量に専念中だ。

この6月30日に体重測定イベントが恵比寿で開催され、そこで阪井が減量に失敗すると「バンドの位置を井上に乗っ取られるのでは」と本気であせっている。

井上は「一度食事に行ったら落とせない女性はいない」と豪語するチョー勘違い男だ。

今年、吉本の「ブサイクランキング」で2年連続1位になって、「嫌よ嫌よも好きのうち。みなさんが僕を愛してやまないことを感じる」。

「ダサイランキング」でも1位をとって、「僕は美的感覚が先に行きすぎてるから。最終的に女性をおとすのは裸。でも、裸だとすべての女性が僕に恋をしてしまうので、服を着ることでカッコよさを封印している」だって……。

ブサ&ダサ2冠達成に「圧倒的な支持だと受けとめたい。僕がもてすぎることへの、嫉妬だと思ってます」とイタ～イ発言。

「僕がオシャレをするとすべての女性が恋してしまうから、これは防御策」とも。

井上がよく口にする独り言は、「恋はいつでもファンタジー。愛はなぜだかリアリティ」。

そうだ、井上はオカマにすごく好かれるのだが、今その訳がよ～くわかった。


（2013年6月）

ポジティヴに生きれば悩みなし

NON STYLE
井上　裕介

「ポジティヴというコトバが流行語になるような明るい日本にする」が夢だという男が、NON STYLE井上裕介である。ナルシストな心情から、前向きな名言を並べた日めくりカレンダー「まいにち、ポジティヴ！」が、じわじわ人気だ。

鏡に映った自分にキスする写真に「ライバルは昨日の自分」、自分のシャワーシーンに「自分を愛せないやつに人を愛する資格はない」など。

自己愛の大暴走だ。ナルシズムにもほどがある。

自己愛が過ぎて、井上が髪型を左右非対称（アシンメトリー）にしたら、「世の中で流行るきざしがあったその髪型」が激減。流行の息の根を止めたことがある。

でもポジティヴが信条だけに、気にしない気にしない。

ポジティヴ王子のモットーは、

① 対面では「失礼すぎずに失礼する」。本当の自分を早く見せて、相手から嫌われるなら早い方がいい。

② 「他人と比べない」。僕がハッピーならハッピー。自分の中で「幸せランキング1位になる」。

③「プライドを捨て、甘え上手になる」。

井上は中学の同級生だった石田を誘ってストリート漫才を始め、東京進出1年目でM－1グランプリ優勝とここまでほぼ順調な人生に見える。

しかし実際は、石田が前に出れず、プレッシャーに押しつぶされるタイプ。

井上の覚悟は「俺が先陣きって積極的にアピールし、俺が倒れた時だけアイツが出る形がいい」。ネガティヴ男のかわりに、身を捨てて選んだポジティヴ。

ポジティヴは自己犠牲のうら返しなのだ。

このポジティヴ侍は、悪意あるツイッター言葉への返信がお見事！

「お前は黙ってろ。ブス」に対し、井上はサラリと『黙ってたら、ただのイケメンになります』。

「ママが井上さんのこと嫌いみたい」に、『一度僕とキッスすれば、イチコロさ』。

「全国民に謝ってください」に、『好きにさせてごめんって』。

「井上の顔面スコア37点」に、『37点満点でしょ』。

「井上さんが投げキッスした途端、スマホが強制終了したよ」に、『スマホが恋に落ちたんです』

NON STYLE漫才のつっこみ言葉をはるかにしのぐ「切り返しの美技」。

さらに上達して「日本一のポジティヴ返し」の称号を手にしてほしい。

（2015年11月）

始末の極意

ハイヒール《ハイヒール》モモコ

漫才師と主婦業をクレバーに両立させているのが、ハイヒールモモコである。

家族での海外旅行はTV番組の企画として行き、育児についてはその奮闘を雑誌に連載するなど、ビジネスに巧妙に結びつけている。

結婚もTVのお見合い番組がきっかけだった。応募してきた青年実業家（当時、解体業）の小林君と出会い、3人の子供を授かっている。料理好きな小林君は、本格ちゃんこ鍋の名店「萩谷本場所」（先代は元横綱曙の名付け親）を引き継ぎ、繁盛店の店主として頑張っている。

やんちゃなモモコは中学2年の2学期に阿倍野の中学に転校。その1日目に、たばこ。2日目、髪を染め、3日目、ピアス、4日目にシンナーで補導される。先生から娘の茶髪を注意されて、派手好きの母親は答えた。「娘がアメリカ人やったら、普通ですやん」。

卒業間近に暴走族に入り、阿倍野支部長になった。しかし、警察官の実兄が「警察官やからお前を逮捕することがあるかもしれん。でも妹やから逮捕できん。その時は辞表を出すやろな」。

兄の本心を知り、目がさめた。

流行していた竹の子族の衣装を東京で買うために、TV「笑ってる場合ですよ」に出演した。それが吉本関係者の目にとまり、養成所NSCへ。そこで、相方リンゴを紹介される。

初対面は喫茶店だった。リンゴはドイツ語の教科書で勉強していて、「漫才が受けたら続け、受けなかったら、その時考えましょう」。

そこでモモコは「あたしと組んだら売れるでぇ。忙しなるけど、それでもええ?」。

コンビ名の由来は、モモコが入っていた暴走族のチーム名が「レディースレーシング・ハイヒール」だったから。

しかしリンゴは取材をうけると「ハイヒールはふたつでひとつ。女の子の憧れのものですし」。女子大生と元スケバンという触れ込みで売れだし、モモコの母は娘の居場所が分かると大喜びした。片や、リンゴの親は大反対だった!

モモコは浪速っ子らしい節約家で、ためたお金でシャネル収集。TV局では食べ終わった弁当箱を持ち帰り領収書入れに使ったり、残った料理をもらって帰る。結婚準備では結納はせず、引き出物は値切る。お色直し用にニューハーフパブから派手な羽根つき衣装まで借りた。

式場の太閤園には「最高の料理を最低の値段で」としぶとく交渉した。

3番目の娘(愛称シャネルちゃん)が幼稚園の頃の話。母娘の初めての2人旅で東京ディズニーランドの幽霊の館に入った時、娘が怖がって目をつぶっていた。モモコは「こんなん作り物やし見なかったら損やで」と言うと、頑張って薄目をあけて見た。

大阪人の血は母から娘へ、こうやって受け継がれていく。

(2011年1月)

女子大生とスケバン

ハイヒール リンゴ

関西でメイン司会のTV番組をもち、そこで仕切っているのが、ハイヒールのリンゴである。愉快なアドリブ発言をまじえながら、うまく進行していく。ちなみに場をまとめるのが大好きで、飲み会でも注文の仕切り役を率先してやっている。たかじん、上沼を別格にして、関西では今やトミーズ雅、メッセンジャー黒田と並ぶ番組の芯をとれるタレントになった。

京都産業大学を卒業し、ラジオのDJをやりたくて吉本のNSC（1期生）に入るが、DJコースの人数が少なく、漫才コースを選んだ。そして吉本社員の紹介で、相方モモコと出会う。まさかの元スケバンだとか……。初対面は喫茶店だったが、モモコは待ち合わせに遅刻した。しゃべれば一方的に「あたしとコンビ組んだら、売れるでぇ」。ノイローゼだと思った。

「女子大生とスケバン」の売り言葉で順調に知られていったが、リンゴの親は大反対だった。夜逃げまでした。それを手伝ったのが、NSC同期のダウンタウンだ。レンタカーを借り、リンゴの荷物を降ろそうとしたが、車が坂道を下りだした。前に回って止めようとした浜田が「サイドブレーキ！」と叫んだが、運転席の松本は「すまん」と飛び降り、車は石垣に激突した。

キャラがバラバラで、初め、コンビがうまくいくとは全く思えなかった。

でも今からふりかえると、友達でないから長く続いたと思う。

ドライなルールを作り、ふたりで守った。「お金は、割り勘」「入りが遅れる場合は連絡する」「ネタでもめると、両方のネタを舞台にかけて受けた方でやる」。

ハイヒールを結成して2年で、まずモモコが一人でTV番組「エンドレスナイト」のレギュラーになり、リンゴは「自分にキャラクターをつけないと呼ばれない」と気づいた。その3年後に伝説の番組「4時ですよ〜だ」が始まり、関西の人気者になった。さらに、ピンでリンゴが出演する番組も増え、ある心構えを誓った。

それは中田ボタン師匠のように、「どんな小さなボケでも、的確に拾うこと」。

そのうち、流れの全体をつかんで上手につっこめるようになった。

リンゴは結婚したら芸人をやめるつもりだったが、モモコが先にTVのお見合い番組をきっかけに結婚した。そして、運命の阪神淡路大震災。そばに人がいない寂しさに耐えられなくなり、結婚相手をもとめて、坂田利夫や雨上がり宮迫など、まわりの独身男性全員に片っぱしから声をかけた。

その中にラジオ大阪の社員がいて、交際2週間で結婚を決め、2ヵ月後に入籍した。

夫は12歳年上のバツイチで孫までいて、その孫に「ばあば」と呼ばせている。

その雰囲気から〈魔女伝説〉まである。TV画面で顔をアップにされると、手を顔の前に出し「アップは駄目よ！引いて引いて」と強く拒否する。ハイビジョン化にも断固反対!!

その正体がばれることを真剣に恐れている。何を隠すのか……。

（2011年7月）

一度は愛した女

バイきんぐ
小峠　英二

「リンカーン芸人大運動会２０１６」で坂口杏里のAV転身に対し、「一度は愛した女、応援します」と堂々と宣言したのが、元恋人のバイきんぐ小峠英二である。それへの坂口の返信が「私も一度は愛した男です。（週刊誌のビジネス交際疑惑に）大好きだったよ。ビジネスじゃない」。

坂口は女優の母良子の娘で、おバカタレントとして人気に。初めは写真週刊誌フライデーで手つなぎデートが発覚。次に坂口から「逆プロポーズ発言」に、二人のベッド写真まで流出した。小峠は「死ぬほど恥ずかしかった。生き恥ですよ」。坂口は「ことぅーげ（小峠の呼び名）」と交際中もホストクラブで豪遊したりの夜遊び三昧。小峠はそれを大人の余裕で許してきた。でも根は売れない16年を過ごしてきた苦労人で、貯金が趣味。金銭感覚の違いから破局へ。

小峠は福岡県出身でスキンヘッドと老けた顔が特徴。相方・西村と初めて会ったのが、大分県の自動車教習所の合宿で、後にNSC大阪の面接で再会し、運命だと思って結成を持ちかけた。１９９６年5月にコンビ結成しキングオブコント２０１２で優勝するまでに、なんと下積み16年。やったコントネタ2本とも当時の歴代最高点の1位2位を独占し、完全優勝だった。

以前は変なネタばかりやっていて、人生で一番すべったのは「大工の親方と弟子」ネタの時。弟子が釘を飲み込んで、親方の小峠がカンナで背中を削って釘を取るというネタだった。すべって余りの静けさに「空調のブーンという音」がよく響き、つまらなくてお客さんが席を立った瞬間、膝がパキッと鳴った音まで聞こえて、サイコーに恥ずかしかった。

優勝する4年前から、2ヵ月に一度、新ネタを6本おろすライブを始めて手ごたえがあった。このライブの時にボケツッコミのいろんなパターンを作り、「小峠がツッコミ」の方が確実に受けるのがわかって固定した。ツッコミという名の強烈な『怒りのキレ芸』が笑いを弾けさせるのだ。「第2回オンバト+チャンピオン大会」で3位になり、ひき続きあったキングオブコントで『なんて日だ！！』と小峠がマジ怒って爆笑を呼んだのも、このキレ芸のおかげだ。

つらい16年を支えたのはバイト。「バイト芸人小峠」は16種類のバイトを経験し、最短記録はコンビニのわずか2時間だ。接客が苦手で、すぐむかついてしまう。極力、人と接しないバイトを選び、キングオブコント決勝の日も朝6時まで害虫駆除をしていた。

女性に関しては「もて男」で、人生でふられたことがないという自信家だ。ほとんど女性から告白され、ほとんど女性をふっているとのこと。あとは話し合いで別れるらしい。

坂口とは二人でいい感じになって小峠が告白して交際が始まり、話し合いで別れた。小峠から「つきあう前の友達くらいの時の方が仲良かったね。友達に戻ろう」と言って……。

最近、坂口から「AVデビューでいじられてるのでごめんね」とLINEが来て、小峠は「やるからにはトップをめざせ」と助言。いい感じな2人。まだ坂口にはキレ芸を見せていない。浪費癖から立ち直れば元に戻ることもあるかも。話し合いが得意な「ことぅーげ」だけに、ね。

福岡芸人第1号は、つらいよ

博多華丸・大吉
博多　大吉

「THE MANZAI」で優勝したのに、フジテレビの番組レギュラー出演権を後輩のことを思い、断ったのが博多華丸・大吉。そのツッコミ役が大吉である。

どの漫才ネタで勝負するか迷っていた時、井上陽水から派手な絵文字の入ったメール「博多弁満載のネタが面白かったよ」が届いて、そのネタに決め最高の結果を得た。

大吉は「中学の時イケてない芸人」で、文化祭では焼却炉でどんなゴミでも焼き、「あいつに焼けないものはない」と評判になって、ついたあだ名が『焼却炉の魔術師』。

福岡大学の落研で相方の華丸と出会い、吉本福岡事務所初のオーディションに合格。めでたいコンビ名の鶴屋華丸・亀屋大吉で、福岡芸人の第1号としてデビューした。

同期はわずか5人で、初舞台は博多温泉劇場だった。出演していたのは、吉本新喜劇の「やめよッカナ!?キャンペーン」でやめさせられた芸人たちで、全員楽屋で寝泊まり。劇場で売ってるおでんの残り物を食べてる傷心の芸人たちをお世話しながら思った。「これが芸人?憧れてたのと違う」。同期の竹山は福岡でいい思いを味わうことなく1年で辞め、東京へ。

福岡芸人誕生にあわせて、地元のテレビ局が番組を作り始め、デビュー1年で2つの番組で司会をした。すぐにアイドル的人気をえたが、7年目に風向きが変わる。

2代目所長になって、「九州では漫才が求められてないから、漫才やめてタレントになれ」。お笑いライブがやれなくなった。

そして大事件が！　ちょうど電波少年が受けていて、番組で大吉がアメリカに行く企画を発表。それを見た所長が「うちの商品になに勝手なこと、してんねん。聞いてない」。テレビ局に抗議し、生放送で「行ってきまーす」と言った大吉は自宅待機になった。1年間、家に閉じこもりの日々だった。この間、今の嫁さんに食べさしてもらった。

華丸は仕方なくピンで仕事。大吉は仕事がなく暇で、漫才のネタを作りだし、ストックがたまった。1年後テレビ局と和解し、大吉がついに復帰した。

東京進出のきっかけは、6年後輩のヒロシだ。九州方言を使ったネタでブレイクし、福岡の繁華街にヒロシのでっかい広告看板が出現した！　対抗心を刺激された。

さらに、福岡事務所の女性事務員が姓名判断して「今の名前は運気がなく、良い名前は博多」と言われて、博多華丸大吉に改名。また2年以内に東へ行くと成功すると言われ、10年前に東京進出。その1年後に見事R-1に華丸が優勝し、予言が当たった。

大吉には後輩にからむ悪癖がある。酒の席で後輩が面白話をすると「さんま御殿に出るために試してんの？」。突然ベロベロになり「女の子よんで。俺に性欲ないと思ってるやろ。俺の性欲なめんなよ」。中学の時のように、弱い性欲でも強くメラメラと燃やせる「イケてる男」とアピールしたいのだ。『性欲の魔術師』としてね。

（2015年2月）

人柄　健康優良児

博多華丸・大吉
博多　華丸

25年前、福岡のオーディション番組「激辛お笑いめんたいこ」で漫才を始め、昨年末の「THE MANZAI」で優勝し、ついにお笑い界のトップに立ったのが博多華丸・大吉。そのボケ役が博多華丸である。

華丸はこの3月の一ヵ月間31公演、福岡・博多座の舞台「めんたいぴりり〜博多座版」で主役を演じている。

これはテレビ西日本の開局55周年記念として、辛子明太子を初めて製造・商品化した「ふくや」創業者・川原俊夫の実話をTVドラマ化したものの舞台版だ。

めんたい作りに命をかける男と店の人たちの人情喜劇に、福岡では「あまちゃん」並みの人気を獲得した。

華丸もこのドラマ出演で余裕ある芝居を学び、漫才の間の取り方が柔軟になった。

ビートたけしは「ザ・マンザイ」の華丸・大吉の漫才について、「流行りの食堂のなかで、老舗の本物の味を出された感じ」とべたぼめした。

実は、この大会に出場したのも、たけしのススメだ。

華丸がたけしの楽屋に挨拶に行くと「面白いのに、あんちゃん何で出ないの」と言われたから出場を決めた。

地味に見えるが、その前から売れていた。

「陰の売れっ子ナンバー1」と言われ、移動も東京〜長崎〜長野〜福岡のようなこともザラ。

「マイレージで地球4周できる」と豪語していた。

それもこれも、無茶な仕事でも従順にこなす「よしもと犬《いぬ》芸人」だから。

華丸は児玉清のモノマネで売れたが、「アタックチャンス」の身振りは本人と逆の左手を使う。気遣いを忘れないのだ。

そんな律儀な人柄から、中洲のおかみさんに愛され、福岡芸人皆から頼られている。郷土愛も強くて、華丸はいま仕事の8割が東京だが、2020年には博多に戻り、「朝のラジオで通勤のおじさんにぐだぐだしゃべりたい」。

「THE MANZAI」優勝で飲み明かした翌朝、大吉が華丸に送ったメールが、「日本一もすべて、あなたの人間性が良かったからだと思います」。

大吉に、福岡に、そして日本に好かれる華丸さん。

お身体を大事に、この一ヵ月、31公演を頑張ってください。

（2015年3月）

ビートたけしからの自由

爆笑問題
太田　光

爆笑問題の太田は高校時代、今の破天荒なおしゃべりと全く違って、引きこもり状態だった。友達ゼロで、全くしゃべらず。修学旅行に行っても喫茶店で読書していた。その頃、ビートたけしが新しい笑いをひっさげて登場し、太田は「本音を言うことがいかに面白いか」を知った。たけしの毒舌まじりの本音漫才に感化され、周囲の会話が物足りなく感じた。大学では自分を変えようと日大芸術学部演劇学科に進学。相方の田中裕二と出会い、ラ・ママ新人コント大会でデビューした。そこで太田プロのS氏にスカウトされる。フジTV深夜番組「笑いの殿堂」に若手のホープとして出演し順調なスタートをきった。太田は正直「ちょろいな」と思った。（たけし事件その1）ラジオ「オールナイトニッポン」で、「家にお化けが出る」と言ってサボったたけしの代役に爆笑問題が抜擢。たけしファンで毒舌ができると喜んだ太田の第一声が、「ビートたけしは死にました」。怒った水道橋博士が後で殴り込みに来たりして大問題になり、次の日ニッポン放送の上から下まで謝りに行かされた。以後、ニッポン放送には出入り禁止に。（たけし事件その2）さらに、たけし周辺人物による大きな事件に巻き込まれた。S氏が爆笑問題を引き抜いて独立した。太田は、「俺がたけちゃんを育てた」というS氏を信じてついていったが、後でたけしから「あんな奴しらねえよ」だって。結局、S氏の独断的な動きが太田プロの怒りをかい、干された。出演番組すべて降ろされた。仕事ゼロのため、田中はコンビニでバイトし副店長に昇進するほど出世した。妻の光代はパチスロの機械を買って練習するほどのギャンブル好きで、月に何十万も稼いでいた。当の太田は愛想が悪くてバイトできずファミコン漬けの日々。結局、妻の光代が決めた芸能事務所「タイタン」設立が再ブレイクをかなえた。

太田は仕事がない上に後輩のバカルディに抜かれ、プライドを捨てた。それまで斜にかまえ尖った「面白いこと」しか言わなかったのを、「つまらないことをガンガンしゃべる」方向に変えた。中に面白いことがいくつか混じればいいと開き直り、ボキャブラ天国に出た。無責任になってバカなことを連発すれば明るい雰囲気が生まれ、マスコミで長生きできることを知った。

この心境の変化は、雑誌の連載「爆笑問題の日本原論」から。尖った笑いを詰めこんだ原稿を提出したら、「面白いけど、これを疲れたサラリーマンが会社帰りに電車で読みますか。読み終わったら、駅のごみ箱に捨てる位の感じで書いてください」と突っ返された。なるほど、俺たちの役割はくたびれたサラリーマンを笑わせること。帰ってテレビつけて、「ばかだな、太田って」とチャンネル変える。変えられてもいいの。えらくないのよ、テレビは。

ビートたけしは、「真剣になることに照れがあり、それが様になる」。たけしは照れが似合うが、俺が照れても無様なだけだ。つまり、粋に生きれるのは本物だけ、たけしだけ。俺には、それが許されない。「無粋に、野暮に生きる」ことが俺の道だ、とやっと気づいた。たけしがやれない、たけしの追っかけから自由になる道が見つかった。ついに、たけしと別物になれたっ!

バッファロー吾郎

バッファロー吾郎A

若手を売り出す迷プロデューサー

夏の音楽フェス「コヤブソニック」の翌日にある「キムラソニック」(通称キムソニ)を主宰しているのが、バッファロー吾郎A(以降、Aと表記。前名・木村)である。

若手の芸人が歌を本気で披露するイベントで、スチャダラパーもゲスト出演した。

Aはずいぶん前から若手の面白い奴に目をつけ、自由に演じさせるライブをやってきた。(「ホームラン寄席」「ダイナマイト関西」など)。

選ばれたのは、吉本に相手にされていなくてもAがその実力を認めた芸人たちだ。

で、さすが、見巧者のAだけのことはある。

目をつけたメンバーは、次々に売れていき人気者になっていった。

結局、全国区で売れ残ったのは、バッファロー吾郎の2人だった。

Aは、そんな売れた若手から慕われている。

ケンドーコバヤシは受けなくて愚痴をこぼすと、Aが「自分に興味ない客でも力ずくで笑わすのが芸人や」と叱咤激励した。

が、その日一番受けてなかったのはAだった。

笑い飯哲夫は、ライブ司会の口調がAさんに似てしまったと謝ると、Aは「ええよ、俺だって、さんまさんパクッてるんだから」。

ちなみにAの丸坊主とヒゲは、ダウンタウン松本をパクッてる。

麒麟川島は、憧れのAとの初対面で極度に緊張した。

Aは川島をにらみつけてから、キョロキョロして「誰や、俺の靴、隠したん」。

周りにいじられていた。

若手から「尊敬する芸人」として明石家さんまと同格で名前があがる程の評判なのに、発想が未熟で「頭の中は少年ジャンプでできている」とのうわさが広まっている。

先輩リットン調査団水野は初めてAにあった時、同じ匂いを感じたという。

「売れる気あるのかな?」

Aは劇場では、「今日はオモシロクナールを飲んでるから大丈夫」と客を安心させ、すべると「もしかして、ヨクスベールを飲んだかも」と自信のギャグで応戦する。

吉本はその名前の薬箱を売り出し、人気商品にした。

芸人に舞台で宣伝させて会場で売る、あっぱれな吉本商法だ。

中身はラムネ菓子で、成分はドカントウケルン酸、ワライトマラフェンなど……。


（2013年10月）

元暴走族なのに、お笑い界では走れない

黒瀬　純《パンクブーブー》

M－1グランプリとザ・マンザイのどちらも優勝した2冠のコンビなのに、レギュラー番組が少なくもうひとつ売れないのがパンクブーブー。そのツッコミ担当が黒瀬純である。「華がない」のもあるが、2冠になって最強漫才師の箔がつき、早くからスケジュールが営業の仕事で埋まり、テレビの仕事が受けられなくなるのだ。福岡県出身。

黒瀬は社交的な性格だが、小学生の頃、両親が離婚し父親と暮らし始めた。離婚原因は、母親が自宅に来るガス屋さんといい関係になり、それをポエムに書いて寝てしまい、帰ってきた父親に見つかったから。

かなりの間抜けだが、それが黒瀬が不良に走る遠因になった。

高校生になると暴走族のグループ『悪死魔（あくしま）』に入り、副総長までやった。どんな不良だったか白状すると「少林寺をやっていてケンカ自慢で、先生ともケンカした」「年上の彼女が迎えに来て、地元の歓楽街に送ってもらっていた」。しかし根っから心優しい黒瀬の本音は「ご近所にバイクのバカでかい音で迷惑をかけて、早くやめたかった」。

社会人になったが脱サラし福岡吉本へ。相方佐藤の印象は「無口で怖そうな先輩」だったが、2人ともパチンコ好きで目押しが得意という共通点からコンビ結成。

東京吉本に移籍し2年後「NHKオンエアバトル」に初挑戦し、537キロバトルの「初挑戦の最高得点」を獲得した。オーバー500獲得回数11回の最多記録を持ちながら、チャンピオン大会では優勝ゼロ。大事な時に負け、運がない。

この時に初めて着たのが、青と白のストライプ柄のローソン風ジャケット。長く着たが、結局ローソンからCMの話はなし。運がない。

6年前のM-1決勝進出者発表で名前が呼ばれて、黒瀬は泣き崩れ3時間泣き続けて、まわりの芸人はドン引き。決勝戦では笑い飯が100点をとり、後に出た2人はリラックスして演じた。当然、笑い飯優勝だと思っていたところ、自分たちの名前が呼ばれ、ボーゼン!!

あれだけ泣き虫の黒瀬が何が起こったか分からず、泣きもしない。せっかくお茶の間の好感度を上げるチャンスなのに、逃した。運がない。

しかし、優勝発表の時、吉本の新宿ルミネの楽屋にいた芸人皆が大歓声をあげて、心から喜んだ。別の敗者復活会場にいた吉本芸人も、心底大喜びだった。

ここで、芸人仲間の皆から愛されていることが明白になった。

「史上最も舞台裏を沸かせた王者」という最高の名誉を手に入れた。

なのに、M-1恒例のオートバックスの出演CMが名前にパンクが入っているため、放送がかなり遅れた。

ほとほと、運がない。

（2015年10月）

エリート中学生からの転落

髭男爵 山田ルイ53世

ねたみとグチに満ちたトークと皮肉好きなリスナーのメール紹介が面白いラジオ番組「髭男爵ルネッサンスラジオ」。そのパーソナリティが、髭男爵 山田ルイ53世である。

この番組は放送枠や時間がくるくる変わるが、それでも続いている不思議な人気番組だ。

昨年、一発屋芸人を決める総選挙（「一発屋オールスターズ選抜総選挙2015」）で2位の6倍以上の得票数で髭男爵が優勝したが、このラジオのマニアが多数投票したのだ。

さらに、オネエが好きな芸能人ランキングでは5位で、お笑いイベントでは前の席をオネエが独占してしまう。

山田は兵庫県三木市出身。小学校では神童扱いされ、進学校で有名な私立六甲中学に入学し、毎朝2時間かけて通学した。家が医者や弁護士の子が多く貧富の差を痛感したが、運動ができ勉強も学年で3番以内の成績だった。

なのに、その日がやってきた。

中2の夏休み前の日にウンコをもらしたのだ。まわりが匂いに気づき、山田が優等生キャラだったので変な空気になった。それに耐えきれなくなり早退した。

そして9月の始業式の朝、ベッドから出られなかった。一度休むと学校に行けなくなった。

中学はそのまま不登校で、高校は進学せず、家で地獄の日々だった。

結局、中2から20歳まで6年間ひきこもった。

公務員の父親は元々きびしく、テレビや漫画もダメ。

父から家を出ろと言われ、近所で一人暮らししながらバイトをした。

ある日、同世代の成人式のニュースをTVで見て「大学に行って人生、取り戻さな」。

大検をとり猛勉強して、愛媛大学法文学部の夜間コースに合格した。学園祭でがんばり人と触れ合おうとしたが、「学歴で負けてるのでリセットしないと。本当の俺はこれじゃない」。

また変なエリート意識が出た。

大学をやめ、東京のお笑い養成所に入った。

髭男爵のコンビを組むが、10年売れずに下積み生活をつづけた。キャラをつけようと髭をはやし貴族の衣装でやり始めてブレイクするが、短期間だった。

貴族の衣装で演じたのは中学時代の貧富格差の逆転で、「人生の仕返し」だ。

一発屋とバカにされても、中学時代のエリートから引きこもりへの「激しい転落」に比べたら、小さい小さい。

あの中学時代を思い出したら、すべて、「今が天国」なのだ。


（2016年2月）

純文学がベストセラーになって

又吉《ピース》　直樹

「文学界」2月号に小説『火花』を発表し、創刊82年で史上初の増刷。その単行本が35万部売れているのが、ピース又吉直樹である。大阪寝屋川の出身。

サッカーの名門北陽高校に入り、インターハイの大阪府代表になるほどの選手だった。

小説『火花』は売れない芸人の僕が天才肌の先輩芸人と出会い、その笑いの哲学に共感して師弟関係になっていく話だ。お笑い界で生きる繊細な心の揺らぎが伝わってくる。

この師匠のモデルが、烏龍パークの橋本（NSC大阪15期）。

ある日、又吉が相方・綾部と喧嘩をして、泣きながら橋本に電話してきた。

「今こいつを殴って解散します。いいですか」に、橋本は「感情的になってるから、明日もう一回考えろ」となだめた。橋本曰く「今もピースがあるのは俺のおかげや」。

この橋本を「売れてない後輩」として連れ歩き可愛がっているのが、ブラックマヨネーズ吉田である。

読書が趣味で数千冊の本を持つ。

夢中になると活字が目の前で踊り出すらしい。

太宰好きで有名で、特に『人間失格』は、この5年で50回読んだ。

恥の感覚や道化の哀愁。さらにボケるぞと見せずに崩す笑いのセンスに心酔。笑いこそ、太宰に学んだ。

実はなんと大阪から上京して初めて住んだ三鷹市下連雀のアパートが太宰邸の跡だったことを後に知り、鳥肌が立った。

オシャレ芸人で、笑われるのを覚悟して、志茂田景樹さんみたいに好きな服を好きに着たい。おしゃれなおじいちゃんに憧れていて、渋いアレンジが上手だ。

また寂しがり屋で、仲のいい数年後輩の2人（パンサー向井・ジューシーズ児玉）と同居している。ほめあう関係は心地いい。

下北沢の店で又吉が向井にあうシャツを見つけ、「かわいいよ」と差しだすと、向井は「これ、かわいすぎません？」。

又吉はやさしく「丁度いいよ。お前、自分のかわいさ分かってないよ」。

人間の不思議さを分かっている又吉は、次の本を脳裡に浮かべていることだろう。


（2015年4月）

※小説『火花』は累計239万部。芥川賞受賞作品で歴代一位の発行部数。2015年11月、ネットフリックス全10話一挙配信。廣木隆一総監督。

いけてるサーフィン野郎

130R ほんこん

最近、吉本芸人たちが毎日配信している生トーク番組「よしログ」の1000回記念のゲストに130Rが登場し、ダウンタウン仲間との思い出を語りあった。

ツッコミ役のほんこんは、「130Rのネタはデビュー当時の番組『4時ですよ〜だ』でも受けていて、今田耕司も喜んでくれた」と発言。

実は、ほんこんが組んだ最初のコンビは「ダブルホルモンズ」で、芸名が「骨付きカルビ」。その相方が今田耕司で、芸名が「上ロース」。

今田の遅刻癖が原因で、すぐ解散した。

ほんこんは16年前に片仮名のホンコンから平仮名に改名した。

理由は落書きされて、「ポンコツ」に変えられることがよくあったからだ。

いま若手から「デスノート芸人」と噂されている。

それは、ベテランと駆け出しの丁度まん中世代との交友関係が広く、情報通になってコンビ解散(最近なら、Bコースやビッキーズ)を見事に当てるから。

また人づきあいの良さから店のプロデュースを手掛け、銀座のお好み焼屋「冨くら」や心斎橋の「ちりとり鍋ほん◯」を人気店にしている。

業界や世間を泳ぐ才能にたけ、今は波の上をすべる技能向上を目指している。サーフィンだ。

寒い冬でも月4回、春や夏は多い時で週3回。

お気に入りは、日本屈指の人気ポイント湘南海岸の鵠沼だ。

ほんこんはサーフィンの魅力について、「初めて乗れた瞬間の爽快感がたまらなくて。舞台で受けた時の感触に似てる。サーフィンの番組に呼ばれてから、はまって。サーフクラブつくって、ステッカーまで作った」。

はまりやすい性格で、ドラマ「半沢直樹」への熱中もすごかった。

ツイッターに「録画して6回は見るぞ」「きょう日曜にならんか」と大ヒートアップ！

半沢といえば土下座だ。

若い頃の逸話。

雨上がり決死隊・宮迫と飲んでいた時ヤンキーにからまれ、ほんこんが「喧嘩はまかせろ。危ないから先に帰っとき」。

宮迫は気になって戻ると、ほんこんが土下座して謝っていた。

昔の苦い記憶が焼きつく土下座を、ほんこんが溺愛するドラマの最終回で目にして、どれだけ感極まったことだろうか。

（2013年11月）

ディズニー婚

FUJIWARA
藤本　敏史

でっかい顔と声で、テンション高く場を盛り上げるのが、FUJIWARA藤本敏史である。愛称フジモン。

東京ディズニーランドが大好きで、３００回以上も行き、千原ジュニアも絶賛している。

「フジモンと行ったら、絶対たのしい」。

2年前の夏に木下優樹菜との交際が発覚し、ほぼ1年前に電撃入籍した。

優樹菜は数年前に占い師から「3年後にビッグな人と結婚する」と予言されていたが、まさか、それが『顔がビッグ』な人とは思いもしなかった。

藤本は「クイズ！ヘキサゴンⅡ」で知り合い、失恋の相談にのっているうちに好きになり告白。でも、優樹菜からは「親友と思っていたのに。もう連絡しないで」。

あきらめきれず、彼女の誕生日に、あるサプライズを用意した。

その日、優樹菜はスタッフに「窓の外の目黒川をみてごらん」と言われ見ると、橋の欄干に大きな垂れ幕がかかっていて、そこに「お誕生日おめでとう」の文字が!!

彼女はフジモンの気持ちがよくわかり、感動で泣いてしまった。

ディズニーランドでデートをかさね、ある日急にフジモンが「シンデレラ城の前で写真を撮ろう」。そこでガラスの靴を差し出し、プロポーズした。

優樹菜は涙を流し、「はい」。

泣き顔で「ガラスの靴、どこに隠してたの」と聞くと、「パンツの中」。

道理で、ほんのりあったかかったわけだ……。

入籍報告会見で言ったのは、「みんなでいじられるような面白い夫婦になりたい」。

笑いの絶えない式にしようと、念願のディズニー結婚式をした。

ミッキーやミニーら大好きなディズニーキャラが大勢かけつけて祝ってくれ、何回もハグした。披露宴では、フジモン王子が手にしたガラスの靴を、出席した女性たちの足に試すがあわず、優樹菜の足にピッタリ！

王子とシンデレラが出会い、ハグする演出で盛り上げた。

新婚生活では、フジモンが悩んでると、優樹菜の一言「大丈夫。世界で一番面白いから」で、すぐ元気になる。

一方、優樹菜曰く「ウソがへた。叱ると、少年が母親に怒られたかのように泣きながら言い訳する。そんなとこ、かわいい」。

幸せすぎるって、笑いにとってプラスなのかマイナスなのか、これから分かる……。

（２０１１年８月）

ムダうちのガヤ王が行く

FUJIWARA 藤本　敏史

ロンブー淳が司会する関西の番組「バレベルの塔」でモーニング娘。の高度な難問に挑戦し、あと一歩の所で「モー娘。賢者」になれなかったのが、FUJIWARA藤本である。感激屋で、すぐ泣いてしまう。

昨年、妻の木下優樹菜が娘を出産した。

逆子とわかり病院に検診に行った時に破水したので、急きょ帝王切開することになった。バタバタして、1時間後に生まれた。

藤本はずっと立ち会い、感動のあまり泣きじゃくった。

生んだ優樹菜は引いてしまい、泣くに泣けなかった。

娘の名前について、藤本は「当て字のような名前はキラキラネームと言われるぞ」と注意したが、気にすることなく、優樹菜が「莉々菜《りりな》」と名付けた。

最近、テレビの特番で胸が開いた服を着た壇蜜と一緒になり、胸の谷間をついのぞいた。

それが撮影され、「放送されるとシバかれるっ！」と優樹菜におびえていた。

また、家の様子を映す番組があり、藤本が優樹菜に話しかけると「いつも大阪弁じゃないのに。どしたの？」と言われ、「カメラの前では大阪弁で話さないとまずいんだ」と説明した。

家では標準語でしゃべっているのがばれ、〈東京に魂を売った男〉と大阪で噂されるのがみえてるから……。

「平成のガヤ王」を誇る。

ガヤとは場を盛り上げるかけ声で、基本いいっぱなし。

使い捨ての芸で、心がタフでないと無理だ。

藤本のガヤは3タイプある。

まず〈情報系ガヤ〉。ロンブー淳に「野菜ソムリエ！」。豆知識を叫ぶ。

次に、〈よく知ってんなぁ系ガヤ〉。エドはるみに、マニアックな「MXテレビの銭湯が舞台のミニドラマ！」。

さらに、〈悪ノリ系ガヤ〉。バラエティ番組に出演してもしゃべらないチュートリアル福田に「しゃべくり7《セブン》違う。しゃべくり6や」。

即興でガヤを入れる芸もある。

みのもんたに「立ったまま寝る」。はるな愛に「玉なき子」。北斗晶に「コストコによく行く」。

上戸彩に「綾戸智絵」。華原朋美に「馬の上からインタビュー」と、鮮やかな口さばきだ。

そして、つい口をすべらせて、秋野暢子に「関西の番組だけ、関西弁」。

人のこと、言える立場か。

ねえ、フジモン。

（2013年5月）

プリキュア・マニア父さん

原西《FUJIWARA》　孝幸

先月、吉本が東京学芸大学と協力して、子供たちが笑顔で学べる学校「笑楽校」を開校。その特別授業で「ギャグ講義」をしたのが、ＦＵＪＩＷＡＲＡ原西である。

売り文句は「ギャグが一兆個」で、子供たちに「自己紹介ギャグやモノボケ」を教えた。

デビュー当時から、シャープな身振りのギャグが、１年先輩の雨上がり決死隊宮迫に似ていると言われた。

その宮迫らと組んだ吉本印天然素材で人気をえたが、ナインティナインが抜けると、人気が急降下した。

仕事がなくなり辛い時期をすごした仲間が多かったが、原西はこれまで稼いだお金の半分を貯金していて、影響はなかった。

どん底で、車を買うほど……。

芸風と違って、なんと、まじめで手堅い性格か！

大阪に戻ると、千原兄弟らが活躍していて身の置き場がなかったが、体をはった企画番組「吉本超合金」で復活した。その後、東京へ再チャレンジし、フジＴＶ番組「めちゃイケ」の岡村とからんだコーナーで注目を浴びた。

仕事が減った11年前に、高校の同級生と結婚した。

「初恋の人」としてコントライブの企画コーナーに呼んで、そこから交際が始まった。

結婚式には相方の藤本を呼ばなかった。

「呼ぶなら、結婚しない」が彼女のつよい思い。

うるさすぎて、肌が合わないらしい。

娘が2人いて、かなりの子煩悩である。

寝る前に絵本を読む。お風呂では「ミギュウ」が流行している。湯船に一緒に入って、娘が足をつっぱると原西が「イテテテッ！」。それが面白くて、身をギュッとするから「ミギュウ」。一晩に4回のミギュウが、娘の楽しみだ。

娘がTVアニメ「プリキュア」が好きで一緒に見るうちに、はまってしまった。

プリキュアは少女たちが伝説の戦士に変身して戦うアニメシリーズ。

〈キレのある変身アクション〉を追及し、バラエティ番組でアドリブでやって大受けした。

プリキュア応援団に呼ばれ、本人役でアニメに出演までした。

関西のオタク番組「バレベルの塔」では、「プリキュア賢者」をめざすも最終問題で惜しくも間違ったが、プリキュア通の大いなるアピールをした。

原西が1兆個のギャグで、キレのある動きを磨いてきたのは、この「プリキュア変身アクション」に到達するためだったのだよ、きっと……。

（2013年10年）

オバケこわい病

フットボールアワー
後藤　輝基

話題の盛り上げ方が達者だと評価され、番組出演のオファーが増えているのが、フットボールアワー後藤である。

特に、番組「雑学王」ではいじられ役を演じ、困って茫然としたり大声でキレたりと、めりはりのあるリアクションで笑わせてくれる。

後藤は、約7年前の第3回M‐1グランプリで優勝したが、それほど活躍ができなかった。どうしても相方の強烈なブサイク王、岩尾が先に目立ってしまうのだ。

特技はギター演奏で、パンクバンド「盆地で一位」の一員。

だが、運動は苦手である。

もともと人見知りで、緊張するとすぐ貧乏ゆすりや爪をかむ癖がでる。

かなりの怖がりで、高所恐怖症から絶叫マシンの仕事は断っている。

また、オバケが怖くて、明かりを消せない。しかし、暗くないと寝れないので、頭の上部にタオルを巻き、下からのぞくようにしている。

ホテルの部屋に入る時は、中にいるオバケにフェイントをかける意味もあり、ドアを一回開けて閉め、少ししてから一気に開ける。

先輩芸人のフォローやフリートークのうまさでスタッフに評価され、TVで見ることが多くなった。

特に、まわりへの俊敏で的確なツッコミは、絶好調である。

後藤の顔が鳥っぽいと笑われて、「誰が鳥やねん。ベランダで卵産んだろか」。

相方岩尾の口が臭いと「奥歯のほうで、猫死んでます」。

岩尾の顔がアップで映ると、「俺の知らん顔、するな」。

ノンスタイル井上の痛い発言に、「ロキソニン6錠、いるわ」。

話でよくかむ後輩に対して、「脳ミソ一晩中、ハイターにつけとけ」。

反応の速さと機転の利かせ方に感心する。

実はこれ、「臆病ゆえ」のリアクションの速さではないか。

絶妙なツッコミは、ボケという「不可解なオバケ」への「言葉のフェイント」なのだ。

相手に飲みこまれないための鉄壁の防御なのだ、後藤のツッコミは。

（2011年7月）

たとえツッコミ誕生までの長い道

フットボールアワー
後藤　輝基

ツッコミと仕切りの才能が評価され今レギュラー番組を10本以上持っているのが、フットボールアワーのツッコミ担当、後藤輝基である。

結婚のプロポーズまで、日テレの番組内（「行列のできる法律相談所」）で言った。東野に促され、電話で「大阪から一緒やった。東京に来て、長く待たせたけど結婚しよか」。

コンプレックスは短い足だ。医者にあと10センチ足が長くないとおかしいと言われた。まわりには「背骨が長い」と吹聴している。

相方の岩尾とはお互いコンビ解散をへて、組んだ。

2人ともボケだったので、ツッコミをしようとした岩尾に対し、「何でこんなブサイク顔の奴につっこまれなあかんねん」と後藤が初めてつっこんだ。

漫才を始めた当初、後藤はツッコミのタイミングや語り口がわからず、岩尾にきびしくダメ出しされた。

自信が大きく揺らいだ。

負けず嫌いで稽古を重ね、11年前にM－1グランプリでついに優勝できた。

しかし案に相違して仕事がふえない。

後輩が売れていき、岩尾は黙って1人でドラマに出演した。

意見しようとすると岩尾はすぐ泣き出し、喧嘩もできなかった。

当時、大阪のTV番組「ジャイケルマクソン」でのレギュラー出演者の知名度調査で、後藤がずっと最下位だった。

そこで、トングや分度器など身近な物の知名度を調べた所、弁当の仕切りに使う緑色のバランと後藤の知名度が同じと判明。

番組内で「バラン後藤」と改名することになり、記者会見まで開いた。

その場の後藤の一発ギャグが、「ざっくバラン!!」だった。

この番組でまわりからいじられ、それへの「返し」を工夫したことが、後藤の例えツッコミを生んだ。

飲み仲間の宮迫は「酒の場で、後藤にムチャぶりしても面白く返してくれるから楽しい」。

こうして出来た数々の例えツッコミの名作から、ひとつ〈露出気味のアイドル〉へのフレーズを紹介すると「四捨五入したら、裸ですよ」。

こちらが後藤に言ってほしいツッコミは「このコラム、四捨五入したら、私まる裸ですよ」

（2015年1月）

薄毛が多彩なツッコミを育てた

ブラックマヨネーズ
小杉　竜一

薄毛の仲間に向け「いじけず、隠さず、胸を張れ」とハゲましているのが、薄毛界のトップランナー・ブラックマヨネーズの小杉竜一である。

彼の信念は、「薄毛は決して負け組ではない」。

カツラかどうか瞬時に見抜く力をもち、うそを見分ける鋭い眼力が飛びぬけていて、職業なら刑事にぴったり。誇っていい才能なのだ。

小杉の頭髪史をたどってみよう。

子供の頃は「おかっぱ頭」で女の子に間違われるほどだった。

8歳で空手を始め「角刈り」にした。高校で人生初の茶髪にしたら薄毛の友人から「お前、将来絶対はげるで」と不吉な予言をされた。

お笑いをめざすが、漫才の初代相方がハゲだった。

24歳の時、同期でただ一人、2種類の「なんでやねん」が使い分けられる男として高く評価してくれた吉田と新コンビ結成。当時はカッコつけて、茶髪にキムタクパーマ。追っかけファンができたが、芸は未熟なままだった。そのうち、ハゲの前兆、小杉の頭髪の分け目の太さに、吉田が気づいた。

その後、芸に悩んだ吉田が、一時、逆にスキンヘッドに。なんでお前が先にハゲるねん。

そして運命の時がやってくる。大阪の若手芸人がロケする番組でブラマヨのロケ映像が流れ、そのオチは小杉が冬の海に落ちて「寒い、助けてー」と悲鳴を上げるものだった。が、爆笑を期待したのに、それを見た先輩たち皆、一斉に「ハゲてるやん」と叫んだ。濡れた薄毛が海藻みたいにちょこんとのった頭に、目がくぎづけの状態……。

この時から、「ハゲいじり」が始まった。

ショックだったが、飛躍のきっかけでもあった。

それまでイジられることが少なかったので、どう言いかえせばいいか苦闘した。

丁度ラジオ番組「ずぼりらじお」もスタートし、本音トークを鍛える場が与えられた。

ハゲねたもどんどん言いあい、アドリブの腕を磨いた。

例えば、小杉「昨日、USJ行ってきてん」吉田「え?ケーウスジェイ?」小杉「違うわ、それやったらニコラス・ケイジ先輩の映画しかあらへんがな」。

小杉の多彩なツッコミが称賛されるが、その腕が向上したのは、「薄毛いじり」への反論からだった。小杉の覚悟は、薄毛へのヤジに対し「日本一オモロイ言葉」で返すこと。

「薄毛問題のボキャブラリー」の魔術師になりたいのだ。

恋愛トークの舞台で、「ハゲが愛を語るな」とヤジられた時の小杉の名言。

「愛を語るっちゅうねん。抜け毛の数だけ、恋してきたっちゅうねん」。

（2015年8月）

漫才は パチンコで学べ

ブラックマヨネーズ
吉田 敬

「パチンコの盤面から釘を抜いた顔」と自嘲しているのが、ブラックマヨネーズの吉田敬である。高校を卒業して、パチンコ店員、新聞配達などのバイトをしながら、実際はパチンコで生計を立てていた。パチプロだ。

19歳の時、テレクラで知りあった内田裕也似の60歳の女性と関係を持ち、「こんなことしてたら、あかん」と目覚め、漫才師をめざす。が、キャバクラに通いつめ借金が100万円に。当時、首のまわりにでっかいコブができ、吉田は「本当に首が回らなくなった」。

高校の同級生と漫才コンビを組むとすぐに月収10万円かせぐほどの腕達者ぶりを見せたが、仲がうまくいかず解散し、今の相方・小杉と再出発した。

吉田が漫才のネタと方向性を決め、小杉によると「吉田はお笑い根性がある」。

実は、その根性はパチンコに教えられた。

友達の見極めはパチンコでする。仲間と「連れパチ」して、吉田がボロ負けしてるのに相手が自分の出玉の素晴らしさを自慢したら、「こいつは優しくない。本心からつきあえない」。

パチンコで、ダメな所もわかる。

吉田が2500発でてても、友達が1万発だしてたら負けたと感じる。お笑いも同様で、後輩のキングコングが突然売れ出すと、ついスベることを祈ってしまう。

「他人、関係ないやん。まず俺やろ」。自分の目の前の台（お笑いで言えば、客）と向き合うことが一番大事だとパチンコが気づかせてくれた。

パチンコは「人生のリトルリーグ」!! 成長させてくれ、人間関係まで学べる。

「売れない」のは「球が出ない」のと同じ。お笑いがうまくいかないと流行を追いかけ目先の笑いばかり取りにいく。パチンコで言うと、チョコッと当たるが一回の出玉が少ない台のこと。

やっぱり、「爆裂機」を狙うべきなのだ。すぐ当たらないけど当たるとデッカイ。我慢の勝負。大当たりを目ざして爆裂機に挑戦し続けると、いつかフィーバーする日が来る。

その日を待て。待つんだ。

たくさん打てば一定の結果になる、パチンコの『確率の収束』を信じている。M-1で優勝した時の出番順を決めるくじ引きの時。それまで吉田のくじ運の悪さから、小杉が「M-1は俺が引く」と言い出した。が、吉田は『確率の収束』を信じ、今までくじ運が悪かったからこそ俺にひかせろ、と主張して、絶好の出番順の5番目を引いた。優勝した。

高い授業料を払ってるから、真剣に学習する。

吉田の名言「パチンコはかせぐものではない。キビシイ人生を勉強するものである」。

（2014年7月）

明るい芸風だが心配性が直らない

岡田《ますだおかだ》　圭右

今年こそ打ちまくってグルグル打者2巡する環状線打線だと優勝宣言しているのが、オリックス芸人のますだおかだ岡田圭右である。

父の影響でオリックスファンになり、イチローとは芸能界で一番古い友達というのが自慢だ。父は喫茶店やパン屋、駄菓子屋などコロコロと仕事を変え、それを嫌がった母の口癖が、「閉店ガラガラ!」。

それを岡田が自分のギャグにした。

短大で出会った増田と漫才コンビを組みプロに誘われるが母の反対を聞きいれ、文具メーカーに就職した。鉛筆削りの「ケズール」と「トガール」を売り歩いたが、ちっとも楽しくない。

そこに増田の勧誘もあって、芸人をめざし退社。

競争社会の吉本を避け、ぬるま湯の松竹芸能を選んだ。

ついに好きな芸人になり、結成1年で有名なABCお笑い新人グランプリの最優秀新人賞をとり、レポーターの仕事がたくさん来て順風満帆だった。

そんな時、心配事が発生した。

増田がM-1優勝をねらって東京に行こうと言い出したのだ。岡田は現状に満足していて正直行きたくなかったが、悩んだ末、従おうと決めた。

これまでも増田の言う通りにしてきたし、それが全て正しかったから。

そして、あっぱれ、何とすぐにM－1優勝。

全国区の仕事が舞い込むが、好調な時にいつも悩むのが岡田である。

「自分はこれまで笑いについて一切考えず、どうしたらいいか分からない。幸運が重荷で、落ちこんでばかり……」。

そんな時、目覚めさせてくれたのが、TV番組「笑いの金メダル」のMC役くりーむしちゅー上田だ。

岡田いじりを工夫し、遊び方を広めてくれた。

これで岡田のいじられキャラが見事に開花！

自分からすべりに行き、明るい笑いを生んだ。

やたらに明るいすべり芸がマスコミで重宝されているが、この順調な今が怖いという。

パワフルな芸風が年齢があがっても受けるのか。

この濃い味のヒョーキンすべりキャラが飽きられて、いつお笑いタレント人生に「閉店ガラガラ」が来るか、心配でならないのだ。

「スベールくん」の悩みに終わりはない。


（2015年4月）

漫才師に生まれた男

増田《ますだおかだ》　英彦

小学校の卒業文集に「おもしろいマンザイ師になりたい」と書いた根っからの芸人がますだおかだ増田英彦である。

守口の梶中学校では元ジャリズムの桂三度が同級生。後輩に中川家の2人がいた。

相方の岡田とは大学の同級生で、別のコンビで岡田がコントをやっていてセンスがあるなと思い、コンビを組んだ。

コントブームになった時、岡田にコントを作らせたが出来ない。

岡田は「実はマイナーな4コマ漫画をパクっていた」と白状した。

岡田は母の反対もあり、プロ芸人になるのを拒否して就職した。

増田は仕方なく広告会社大広に入社した。

同期入社で同じ営業に配属されたのが、後の俳優・佐々木蔵之介だった。

俳優になろうか悩んでいる佐々木からの電話に、増田は「一度きりの人生、勝負しろ」と激励したのに、佐々木は記憶にないという。

増田は格闘技ファンである。

リングの写真を撮って雑誌で売り、月10万円稼いだこともある。

中に、ライオネス飛鳥の写真ばかり買う客がいて、それが後の女子プロレスラー・シャーク土屋だった。土屋の東京の豪邸に行き、女子プロレスラーになりたい夢を聞いてあげた。

岡田を3年くどいて、やっとプロの漫才師になった。

増田が漫才ネタを作り、「GAHAHAキング爆笑王決定戦」のチャンピオン大会で爆笑問題と同点優勝し、「NHKオンエアバトル」初のパーフェクト（545キロバトル）達成と順調なスタートだったが、今ひとつ目立たない。

従うだけの岡田にまわりから「なぜ、岡田と組んでるの」と言われた。

そこで、岡田のたどたどしいツッコミをいじると大受けした。

増田こそ、岡田のすべり芸の「生みの親」だ。

そこから岡田が明るいすべりキャラで調子に乗り、増田曰く「初めはバナナを置かれて、岡田はそこですべってた。それが、自分でバナナを捨てて、そこで自分ですべるようになった」。

テレビのMCで活躍する岡田に、増田がポツンと一言「そこまでやれとは言ってない」。

最近、佐々木が藩主を演じた映画「超高速！参勤交代」のイベントで、佐々木と久しぶりに劇場共演した。

増田は冗談ぽく「あの平社員が殿になって、ジーンとした。私のホンマの相方は、佐々木です」。

（2015年4月）

夫婦漫才ストーリー

宮川大助・花子
宮川　花子

東北の被災地支援が認められ、岩手・大船渡市の復興応援特別大使に任命されたのが、宮川大助・花子である。

実は阪神大震災の神戸を舞台にしたシリーズ最後の映画「男はつらいよ寅次郎紅の花」で、2人はパン屋の夫婦で出演。その最後のセリフが、宮川花子の「寅さん、みんなが待ってるよ」だった。

宮川花子が大助と初めて出会ったのは、大阪府警をやめてチャンバラトリオに弟子入りし、師匠と行った巡業先の岡山の楽屋だった。

大助の真面目でひたむきな人柄に惚れ、5ヵ月後に大助からプロポーズされた。

花子は漫才をやめ警備会社に就職し、いっこうに売れない大助に「一緒にガードマンをやろう」と提案。大助も漫才をやめ就職した。

それから2年、花子は娘も生まれ、夢に見た家族一緒の新婚生活で最高に幸福だった。

片や大助は漫才への夢が捨てきれず台本を書き始め、ある日、漫才をやろうと言いだした。

花子はいまの幸せに満足していて、絶対にいやだった。「やるなら勝手にやって」。

でも大助の本気さに押されて、しかたなく漫才をはじめた。

そこから地獄のような稽古の日々が続いた。近所からは夫婦喧嘩と思われた。

花子は「漫才が嫌で早く辞めたい。売れたら辞められる」と信じて頑張った。

いとし・こいし師匠から「花ちゃんにもっと喋らせたら」と助言され、これまでと逆の役回りでの厳しい稽古がスタートした。舞台を降りて大助にすぐ怒られて、つらい反省会！がつづく。そしてついに、上方漫才大賞と花王名人大賞の名人賞を受賞！

さらに萩本欽一の「欽ドン！」に呼ばれ、全国区の人気者になった。

25年前、花子は胃がんで入院した。漫才は大助のためにやったのに、厳しい特訓ばかり。

こんな体に誰がした……正直、うらんだ。

花子の手術当日。大助は1人ラジオ局にいて、花子はそこにファックスした。

「目が覚めたら、あなたにそばにいてほしい。小さな私の最後のお願いです」。

大助はファックスのことをラジオで語り、それを病室で聞いた花子は手術室に向かった。

6年前、大助が脳内出血で倒れた。医師から「よくて半身不随。血がとまらないと明日はわからない」と告げられたが何とか回復。大助はリハビリに熱心に取り組んだ。

復帰舞台は、三重の看護師さん500人が集まった会場だった。大助がニカッと笑って登場すると、看護師の多くがすすり泣いた。無言の大助に、会場中、涙の嵐だった。

花子は、あれだけ嫌だった漫才に感謝した。

大助が、最高の漫才を私にくれたから。


（2013年7月）

3年のブランクから帰還

黒田　有《メッセンジャー》

関西のバラエティ番組でメイン司会を任され活躍していたのに、あるトラブルによって3年間謹慎。昨年末の毎日放送「メッセンジャー&なるみの大阪ワイドショー」で、いよいよマスコミに全面復帰したのが、メッセンジャー黒田有《たもつ》である。

久しぶりのバラエティ出演だったが、明るく屈託のない様子に好感がもてた。事の顚末は、こうだ。

大阪の飲み屋街・宗右衛門町のガールズバーで、4人で25万円という法外な値段を要求されたため、クレームを言っていざこざが発生。

店長サイドは「殴られて眼底骨折による全治2ヵ月の重傷だ」「相手側は客としてドンペリを4、5本注文した」と主張した。

それにより芸能活動を自粛し、レギュラー番組も中止の事態に。

撮影ずみの人気TV特番「人志松本のすべらない話」は、説明スーパーを入れてオンエアされた。

もともと黒田は酒癖がわるく、からみ酒で有名だった。

すぐ説教をし、足繁く通った居酒屋「たこしげ」では売れた勢いで「こんなまずいもん食えるか」と叫び、マスターをカンカンに怒らせたことも……。

しかし、真実が発覚した。

ガールズバーの店側のうそが明るみに出て、「骨折は半年前のもので本当は全治2週間の軽傷」「ドンペリは注文していなかった」。

それでも番組自粛で、大きなダメージを受けた。

日曜昼の番組で「司会をやらせるなら誰?」の調査で1位を獲得したほど関西で愛されていたのに、今や関西バラエティ番組の司会のポストは雨上がり決死隊、ブラックマヨネーズやフットボールアワー後藤が占めている。

しかし、じっくりあせらず挽回の時期を待てばいい。

崖っぷちに立とうが、見習うべきは黒田の母だ。

最寄駅の河内花園駅が普通しか停まらないので、「なんで私が住んでるのに急行停まれへんの」と近鉄本社に電話した。

タンクトップを着て天ぷらを揚げ、「油がはねて熱くないの」と聞かれて「そんなもん、B-29の方が怖いわ」と豪語した。

こんな腹のすわった「肝っ玉母さん」の心意気を、今こそ学ぶ時だ。

(2013年2月)

40代の大人の恋のなれそめは……

黒田《メッセンジャー》　有

国生さゆりと1年前から交際し、合鍵をもって互いのマンション（東京と大阪）に泊まりあう生活を送っているのが、メッセンジャー黒田である。黒田が東京で仕事があると国生の高級マンションに泊まり、大阪ではこの逆の形で過ごす。

黒田は4人兄弟の末っ子で、母1人に育てられた。狭い二部屋に5人が住み、2回近所に捨てられた。極貧生活だった。

高校卒業後、板前になる。

そこで先輩が不器用でも、みな親が金持ちですぐ店を出すのを見て、反発した。カウンターで客としゃべるとよく受けて、チップを度々もらった。味をしめ、プロの芸人になれば、たくさん金をかせげると確信。

吉本NSCに入り、あいはらと漫才コンビ・メッセンジャーを結成した。

毒舌で売り出した。

実は高校1年の春に、彼は国生の追っかけをした。国生ファンの仲間がバイクを買い国生の追っかけに行くと聞いて、同乗。彼女が乗ったワゴン車の後を追跡した。

国生はおニャン子クラブ会員番号8番。

気が強いキャラで売り、親衛隊は暴走族風の野郎たちがメインだった。

おニャン子を卒業してからは、お騒がせ人生（歌手Nとの不倫告白会見など）がつづいた。

交際のきっかけは、大阪での番組共演が重なったことから。

まず国生がツイッターで黒田に「今度デートしてください」と呟いた。

次に、何回か食事した店の大将が、「国生さん、黒田さんのこと好きですよ」。ありえないと思った黒田はその場で「つきあってくれと申し込むから、ふられたら、大将おごれよ」。勢いで電話すると、なんと3分くらい長い間があいた。その間に、国生はビックリして洗面所に行き自分の顔を見ていたという。そして国生の返事は「本当に私でいいんですか」。

今度は黒田がビックリ！　無断で電話を切った。

そこから家まで帰って気持ちを落ち着け、やっと電話。「明日東京に行って、そこで話を」。

老舗蕎麦屋で2人だけの時間をすごす。黒田は、その場の空気が重かったので、笑える鉄板話、幼少期のビンボー話を披露したが笑ってくれない。

すべった。

かわって国生から、これまで味わった辛酸話。それが拘置所生活もした黒田の人生よりはるかに波乱万丈で、黒田の心に響いた。

ビンボーより「アイドル苦労話や男女関係破綻」のドラマチックな身の上話の方が、恋心をくすぐるとは、さすが40代の大人の恋か……。


（2015年7月）

安田大サーカス
クロちゃん

元祖ＡＫＢオタク

赤ふんどしの団長、元関取のＨＩＲＯとトリオを組んでいるのが、安田大サーカスのクロちゃんである。

こわもての顔にスキンヘッドなのに、いじられるとキーが高い裏声で「いや～ん」と乙女チックに恥じらう。

元々歌手志望でアイドルになりたくて、松竹芸能に入った。

パチンコ大好きでやめられず、親に35歳まで月々20万円強の仕送りをしてもらっていた。図に乗ってキャバクラ通いにはまるほど、夢中になりやすい性質だ。

メイド喫茶にもはまり、ドン・キホーテ秋葉原５階の店に通ううち、その８階に新しくオープンしたＡＫＢ48劇場をのぞいて感激。

芸能界一早く、ファンになった。

なかでも前田敦子が一推しで、部屋にはあっちゃん本人にもらったリラックマのクッションがあり、つらい時にはそれを匂ってテンションを上げている。

だから、そのあっちゃんの卒業発表を聞いて大ショック!!

２日間泣き暮らした。

「人生をかけて応援してきたのに、裏切られた気がした」。

でも立ち直り、「誰が次のエースになるか楽しみ。第4回総選挙では、優勝は普通に考えれば大島優子だけど、あっちゃん票は高橋みなみに流れるのでは」と予想を始めた。

クロちゃんの神推しは、「笑顔がダイヤモンド」な名古屋SKE48の松井珠理奈だ。ツイッターで「じゅりなに投票する」と宣言した。

SKEのじゅりなは期限付きでAKBに入ると発表されたが、頑張りすぎて4月に入院。こんなじゅりなの「成長するために努力している姿」に感化され、クロちゃんは今「大嫌いな筋トレで肉体改造」にチャレンジしている。

芸能界での成長と筋肉に関連があるか疑問だが……。

総選挙の結果は、じゅりな、健闘して9位。（昨年16位）。

アイドルになりたかった男クロちゃん。

いま投票という形で、アイドルの夢を手助けしている。

（2012年7月）

やけに面倒くさい男

矢野・兵動
矢野　勝也

むやみに明るく、いつも元気一杯なのが、矢野・兵動のツッコミ担当、矢野勝也である。相方への敬愛の念がすごくて、兵動を心底天才だと確信している。

一方、兵動はいつコンビ結成を認めたか、記憶にないという。

矢野は喜劇俳優への弟子入りが許されず、吉本の養成所NSCに中途入学した。

兵動は漫才師になるか放送作家になるか悩んでいた。

結局、へびいちご島川とコンビでNSCに入ったが、祖母に「市営住宅に住んでいたら芸人になれないよ」と言われコンビ解消。

放送作家をめざすが満足することができず、つくったネタをたまたま声をかけた矢野と演じて、爆笑をとった。

翌日、漫談をしようと1人でネタ見せに出るつもりだったが、なぜか横に矢野が立っていた。

その日からいつも兵動のとなりに矢野がいるが、コンビを組んだ覚えはないらしい。

矢野は漫才が大好きで、漫才をやめる時は死ぬ時だと宣言するほど。

横山やすしに憧れ、口調もそっくりだ。

また歌もうまくて、クレイジーケンバンドの「タイガー&ドラゴン」を十八番にしている。

1ヵ月前の京橋花月閉館イベントでは、「楽屋でムダに口数が多かったで賞」を受賞。その閉館ライブのフィナーレで、涙もろい矢野は「最後に漫才マイクを見せて」と頼み、フロアから上がってくるマイクに向かって、持ちギャグ「パイセンやぞ！」と叫んだ。

パイセンとは先輩のこと。

矢野は言葉を略したり逆にしたり英語にしたりする独自の業界用語を編み出し、パイセン語と自称する。

「おっしゃれ〜」は「シャレオツ」。

地名の「尼崎」は「ガサキ」。

「浅草花月」は「クサカゲ」。

いま矢野は頻繁にツイッターをしていて、パイセン語だらけだ。

ある日は「クサカゲのバンデーに、クリユツする間もなく、シータクで移動。カレオツやで、しかし」。

面倒くささに、読むこちらが疲れるわっ。


（2011年12月）

熱中しやすい男。しかし漫才以外で……

矢野・兵動
矢野　勝也

愉快な人を観察し、面白おかしく語る漫才で人気なのが、矢野・兵動。そのツッコミ役が矢野勝也である。松竹新喜劇が好きで、曾我廼家文童に弟子入り希望するが許されず、吉本新喜劇の花紀京、岡八郎、井上竜夫の弟子にもなれず、養成所NSCに入学した。

相方の兵動からネタ見せに誘われたのが縁で、そのあと兵動の跡をつけ回しコンビ結成。順調にスタートしたが上方お笑い大賞銀賞をとった後、パタッと仕事がなくなった。

矢野は明るい性格から下を向くことなく、いろんなことをやり始めた。

歌唱力に自信があり、ボイストレーニングに本気で取り組んで、エグザイルのボーカルオーディションに申し込んだ。得意な「タイガー&ドラゴン」を歌おうとしたが、規定の30秒が前奏で終わってしまい、不合格になった。

その悔しさから、格闘家の武蔵らを発起人に、ダンスが得意な芸人を集めて、芝居と歌とダンスを見せる「劇団YANOザイル」を結成し活動した。

次に、犬好きがこうじてトリマーをめざし、漫才の合間にペット美容学院に通った。超難問揃いのマニアックなクイズ番組「バレバルの塔」では、犬賢者と呼べるかの質問「犬の鳴き声を聞いて犬の種類を当てる」に見事正解した。全問正解の一歩手前まで行った。

現在は、ボディービルだ。

幼稚園児の娘のパパ友にジムに誘われ、同時に3ヵ月後の「尼崎ボディービル選手権大会」のエントリーまでされた。

わずかな期間で73キロの体重を60キロに絞って、ムキムキの体に変身！

本番では「舞台と違い、しゃべれない緊張感」があったが、なんとシニアと新人の部で優勝し、いきなり2冠を獲得した。

栄えある表彰台に立った。ちなみに新人の部はエントリー1人だったが。

夢は筋肉芸人を集めて「リカちゃん着せ替え競争」とか、チマチマした戦いをして、「筋肉いらんがな」って、つっこまれることである。

漫才では、「すべらない話」で定評のある兵動の面白さをいかそうと心掛けている。

つまり、素晴らしい兵動トークの邪魔をしないように、「なくてもいい」と皆に思わせるツッコミをすること。そして一人トークを、漫才の形式に見せること。

つまり、捨て身のツッコミだ。

矢野は8年前、岡山の娘2人を持つ女性と結婚した。

奥さん曰く、「浮気ばかりする旦那。家では1人しゃべっている。それでも、家族の希望は、兵動さんに見捨てないようお願いしたい。いらないツッコミ役でも、パパだから……」

（2014年11月）

アイドルをさがし続けて、交際宣言

濱口《よゐこ》　優

最近、アッキーナこと南明奈と交際宣言をしたのが、よゐこ濱口である。

「恋愛が好きで、年下のかわいい子にふりまわされたい」が口癖だったが念願がかなった。昨年の和田アキ子の誕生日会で連絡先を交換したのをきっかけに、なんと早くも2回目のデートで「好きなので、つきあってほしい」と申し込んだ。

濱口は小学校まで真珠で有名な三重県志摩に住み、祖父は漁師で、祖母は海女。

「いきなり！黄金伝説」で海中でタコをとり「獲ったど～」と叫ぶのが濱口の売りだが、血筋からして当然なのだ。

実家は大阪市内の喫茶店「はまゆう」で、そこを手伝いながら占いを勉強し、いまプロのタロット占い師として注目されているのが、10歳年下の弟・善幸である。

兄と同じく、優しい人柄で人気だ。

濱口は高校の同級生（いま吉本の漫才師テンダラー白川）がお笑い芸人を目指したので、自分もなれると信じ、当時、東急ホテルでコックをしていた有野に「芸能界に入れば酒井法子と結婚できるぞ」と誘った。

濱口が今までに交際報道されたのは、本田みずほ、小倉優子、倉科かなで、アイドル好きはずっと変わらない。

芸能界屈指のもて男と評判で、その理由は「女性に気軽に声をかけ、変な計算がない」「女姓の容姿の変化に敏感」「恋愛相談すると親身に聞いてくれる」。

とにかく優しいのだ。

以前、女性から「私と仕事、どっちをとるの」と聞かれて、生放送に遅刻したこともあるほどである。

交際相手の明奈とは、東京ディズニーランドで10回以上デートした。

部屋では、シャンプー後の明奈の髪を乾かしてあげているとか。とにかく優しい。

しかし、女性に求めるものは正反対で、「キツイ性格の女性が好み」らしい。

この点で、明奈はぴったりなのだ。芯が強く、すごい負けず嫌い。

番組企画の対抗戦ではいつも超マジで、3年前のTBSオールスター感謝祭「赤坂カートグランプリ」では2回のマシントラブルにも腐らず優勝した。

コーチに「あの闘争心は見習いたい」と言わせた。

明奈はCMやTV出演が減り、忘れられかけたタイミングでつかんだ熱愛エピソードだ。

18歳年上の天然男とのこれからで、「アッキーナ復活」の勝負が決まる。

明奈の本心は、彼女のTVでの叫び声によく現われている。

「よゐこ、獲ったど〜〜〜!!」


（2014年4月）

暴れん坊師匠の弟子

横山たかし・ひろし
横山　たかし

ホラ吹き漫才というジャンルをつくりあげたのが、横山たかし・ひろし。自称38億円の金ピカジャケットを着て、「大金持ちのおぼっちゃまじゃ。すまんの〜」とうそぶくのが横山たかしである。愛媛県松山の高校を卒業して大阪の明蝶学院に入り、そこで出会ったひろしと横山やすしに弟子入りする。

師匠からもらった名前「たかし」は、やすしの相方の名前で、3代目だ。期待されていたことが分かる。（横山たかしの初代が横山プリン。2代目がレツゴー正児）

やすし自体、師匠の横山ノックから「パーフェクト」と言われるほど要領の良い弟子だったので、自分の弟子にはいたって厳しかった。

殴《なぐ》る蹴《け》るはいつものことで、ある弟子など「ハンガーで殴られ頭に刺さり、プロペラのようにハンガーがくるくる回って飛んでいった」という笑い話が生まれるほど。

突然キレることが多く、「恐怖の急性激怒症」だ。

実際、20数人いた弟子が耐えきれず、大半が辞めていった。

相方ひろしは小銭をため師匠やすしに何度か金を貸していたので、たかしばかり殴られた。

総計1０００発以上。「死ぬかも」と思ったこともしばしばだった。

阪神高速の途中で降ろされたこともあり、逃げることばかり考えていた。

周囲が見かねて、やすしが近づけないように松竹芸能に移籍させた（正司玲児の弟分の形）。舞台ではオカマ漫才から出発し、すぐＮＨＫの漫才賞を受賞した。しかし当時オカマはきわ物と見られ、テレビに呼ばれることはなかった。

売れない状態が続き、結成20周年の頃、解散を話し合った。ついていた弟子福助の面倒もみれないから、レツゴー三匹に預けた。その頃、ホラ吹き漫才が受け出したので、少しだけ頑張ろうと誓った。そして26年目、ついに上方漫才大賞を受賞できた。

ホラ吹き漫才は、たかしが大金持ちの誇大妄想を広げまくり、相方を見下して「命かけるな、わずかな金に」「すまんの～、ヨコヤマ」。

それが終わると、ひろしがホラ話のアラを次々に暴いていく。

ここで発するたかしの「つらいの～」「生きぃ～よ～」は、師匠にいじめられた時の本音を言葉にしたものだ。

やすしが弟子に迫る口癖は「一着とれ、一番になれ」。実は、このやすしのトラウマ「一番」を、たかしは現実に舞台で実現している。そう、「世界一のお金持ち」。

師匠への意地から、たとえホラ吹きだとしても、一番は一番だ。

たかしの決め台詞「笑えよ～」には、居直った男の潔さがある。


（２０１０年９月）

便乗人生

レイザーラモンRG
出渕　誠

相方HGの人気に便乗したキャラ・RG（リアルゲイ）を名のった後も変わり身早く、新キャラを次々に作り続けているのが、レイザーラモンRGこと出渕誠である。

熊本生まれの愛媛育ち。中学の頃、ヘビメタバンドをつくるほどの歌好きだった。

立命館大学ではプロレス同好会に入り、リングネームは憧れのレスラー新崎人生にちなんで「チン先真性」。京都統一タッグ選手権の初代チャンピオンにまでなった。

この学生プロレスで知り合った住谷とお笑いコンビを結成。プロレス技をかけ合うおバカな肉弾戦コントを工夫し、卒業記念として出場した有名な「今宮子供えびす漫才コンクール」で福笑い大賞を獲得した。一旦就職するが、すぐコンビで吉本に所属。プロレスが大好きなバッファロー吾郎に呼ばれて「ホームラン寄席」に出た後、吉本新喜劇へ。

9年前に結婚したが、当時の月給が2000円。妻が働くパチンコ店での稼ぎで生活していたが、RGは勝手に高価なHDDレコーダーやエアコンを買ってしまう。妻のがんばりを忘れたRGの能天気な発言が、「ボク、家電芸人の走りですね」。

そのうちHGの大ブームがきて、それにうまく乗っかるキャラ「HGの愛人リアルゲイ」を思いつく。扮装はドレッドヘアのスティービー・ワンダーに似せたが全く受けず。

が、扮装費用を無駄にしたくないため、この外見をいかしたＲＧキャラをこしらえた。もともと「ＨＧ便乗キャラ」が観客に丸見えですべりっぱなしだったが、全く動じることなく、アイアンハートと呼ばれる。

しかも大人気のＨＧより先に、東京へ引っ越した。

関係者への挨拶も、メール一斉送信の非礼なものだった。

ＨＧブームが過ぎ、作ったキャラのひとつが市川ＡＢ蔵。

ある結婚式のスピーチで緊張のあまり目つきが鋭くなり、それが海老蔵にそっくりと言われたのがきっかけだ。次の日、着流しの衣装を買いに走った。ギャグは、お茶のＣＭにひっかけた「お～い、ドンペリ！」。鉄板ネタだと思ったがだだすべりした。ちなみに、海老蔵本人には番組「笑っていいとも」で全然知らないと相手にされなかった。

時流にイージーに乗っかり、色んなキャラに変身。普通ならすべると気恥ずかしいのにビクともしない強心臓の持ち主がＲＧだ。そんなキャラとは、まず「マイケル・チャックソン」。名曲ＢＡＤを歌いながら、お茶の名前をいれていく。日系ブラジル人の「アルジオ越後」。サッカー川柳を詠む変な解説者だ。青い顔の「アバター」。そのあるあるネタのオチが「アバターギャグをしたけど、見てない人が多いので、すべりがち～」。

本家海老蔵のように七変化しても、ＲＧの十八番はお見事、「すべり芸」。よっ!!

（２０１１年３月）

肉体美とデッサン力

レイザーラモンＨＧ
住谷　正樹

先月、渋谷でライブ「ＨＧ、ＲＧはいらない。住谷、出渕で漫才したいんや！」を開催したのが、レイザーラモンＨＧこと住谷正樹である。

ハードゲイを捨て〈素顔の住谷〉を広めることでしか、現状打破できないと考えている。

ＨＧはＴＶ番組「爆笑問題のバク天！」のパラパラ漫画のコーナーで、絵がうまくて手伝った所から注目され、２００５年に大ブレイク！

皮パンツを洗濯する時間もなく、尿道炎になるほど忙しかった。

売れすぎて、相方ＲＧの年収を月収で抜いた。

その頃、「出動！ミニスカポリス」に出演のタレント鈴木杏奈と結婚した。

彼女は結婚を機に芸能界を引退したが、すぐに夫の収入が激減。

月収１０００万円あったものが、月収７０００円に大幅ダウンした。

彼女は家計を助けるためコスメブランドを立ち上げると大成功し、事業家として豪華な自宅を入手した。

一方、ＨＧはプロレスに参戦するが、２００９年、場外ダイブで着地に失敗。

かかとを粉砕骨折する大けがをして、長期の入院治療に専念した。

最近、HGは15年も鍛え続けた筋肉美を披露し、モデル業宣言した。

サングラスと帽子をはずして素顔をさらし、雑誌「RUDO」でモデルデビュー。

お笑いとモデルの二足のわらじで活躍中である。

妻の杏奈が言うには「今年3月、ハワイのベトナム人超能力者に、HGがモデルの仕事に力を入れるとハリウッドで200億円稼げると言われた」。

それを信じきって、彼女はさっそく英会話の勉強を始めた。

いま中居正広の番組「美デッサン大辞典」でHGの素晴らしいデッサン力が注目されている。

「東京大学物語」の漫画家・江川達也と石膏デッサンで対戦し、前回敗北したのでお茶の水専門学校でデッサン修業した。

絵はち密だがやや平面的な欠点を修正した所、立体感が出て2人の審査員が10点満点。

番組史上最高の29点で、江川に勝利した。

中居が絵を見た瞬間、「初めて鳥肌立ったわ」というほどの見事な出来だった。

ゲイは身を助ける。

HGはきっといつか、自らのボディを鏡に映して、デッサンをし始めるだろう。

そこには、自己愛におぼれたナルシスがいる。


（2013年7月）

高ＩＱ芸人の夢の持ち方

ロザン 宇治原《うじはら》 史規

先月、アパレルのネットショップ経営の女性と結婚式をあげたのが、ロザン宇治原である。9年間の交際期間があり、6歳年下でもあるので、宇治原に対して敬語を使った話し方をさせている。また気にいらないことがあると、すぐ別れようと言う。

いまの時代に珍しい亭主関白だが、「浮気発覚」ではすぐ深々と謝罪した。

相方の菅とは、大阪教育大学付属天王寺高校で出会い気があって、芸人になろうと約束。その菅から「芸人の売り」を作るために、京大に行くことをすすめられた。そこから宇治原は猛勉強を開始。実は4月の京大模試の結果はＥ判定で、合格の確率は『０％』だった。

計画を練り、1年間のスケジュールを立てた。

4月から6月は、英語や歴史の人物名など暗記ものをやる。7月から9月は基本問題、10月から11月は応用問題、12月から2月は過去問題と決め、毎日実行した。

勉強法は「徹夜は非効率だからしない。分からないことはすぐ調べる。教科書にアンダーラインは引かない。全部重要だから。書く、声に出す、歩き回る方法で暗記する」。

自信満々で迎えた本番のセンター試験では、予期していない分からない問題を見つけてまさかの失神。保健室に運ばれたが、それでも719点を取り、京大入試に見事合格した。

さすがっ！

大学に入って予定通り、芸人をめざすが勝手が違って、吉本のオーディションに1年半も落ち続けた。受験以上の難関だった。

一方、芸人になると知った両親が猛反対し、家庭内戦争が勃発。クイズ番組「平成教育委員会」や「Qさま」で優勝し全国的知名度を得て、やっと許された。

ロザンのコンビ仲はとても良く、稼いだお金は全て折半である。

クイズの賞金もCMギャラも、菅の本『京大芸人』の版権料も。

2人でロザンという会社を経営している感覚なので、役割分担も出来ている。

宇治原は事務担当で、菅はネタ作り。

宇治原のIQはクイズ王らしく、145（ふつう100前後）。イギリスに本部がある、上位2％のIQを持つ人だけが入れる超頭脳派団体MENSAの会員である。

勉強道具に一家言あり、文具のナカバヤシと協同開発し「スイング・ロジカルノート」を作った。線の間にます目状の点線が入り、英語やグラフが書きやすいと評判で、第8弾まで発売。

これまでの売り上げがなんと3000万冊。

超大ヒットだが、印税契約をし忘れて、恩恵を受けず。

ああ、何という凡ミスか!!　高いIQが泣いている……。


（2014年5月）

ファンキーな父とのんきな子

秋山《ロバート》　竜次

上半身が大御所風の体つきをしている所から、梅宮辰夫の顔写真を顔に当て笑いをとる「体モノマネ」を売りにしているのが、ロバート秋山竜次である。北九州市門司出身。

代官山で雑貨店を開くのが夢で、高校卒業後に上京した。が、雑貨店に就職できず、高校まで同級生だった馬場を誘い、吉本のNSC東京に入った。そこに群馬出身の山本をツッコミ役で入れて、コント・トリオ「ロバート」を結成した。

14年前、フジTV「はねるのトびら」のレギュラー抜擢で脚光を浴び、キングオブコント2011に優勝。実力を見せつけた。

秋山の父はファンキー親父で有名だ。

ものすごいアメリカ好きで以前、家の壁にパンチラの金髪美女のイラストを描き、その横に「California《カリフォルニア》」の文字が！　さらに若い女の子好きで、24歳以上は相手にしない。息子の竜次は熟女好きなのに。

父は20代で東映の大部屋俳優をやり、30歳をこえると事業を起こすためにアメリカ放浪。座右の銘は「人生は旅芝居」。いいことも悪いこともあるがファンキーに生きるぜ、という意味。

2年半前には門司港に、北米で修業した腕をいかしたハンバーグ料理店「ファンキータイガー」

を開店した。根っからのファンキー好きは、秋山を「竜次」、弟を「力也」と名づけたことからもわかる。

ロバート秋山は、一発ギャグのようなつかみネタがないのが弱点だと自覚していた。体モノマネのきっかけは3年前、楽屋で「ニブンノゴ！」の先輩宮地から「その体に、梅宮辰夫さんの顔写真パネル合うんじゃない」と言われたこと。「体に風格がある」と以前からいじられていたので、大阪の番組で試したところ、ピタッとはまった。

梅宮は東映黄金時代の大俳優（代表作は「仁義なき戦い」）で、父の大先輩だ。仁義をきって挨拶に行くと、梅宮から「お前か、俺の顔を使ってるのは。何が面白いのかわからんが、やるなら突きつめろ。どんな写真を使ってもいいから。ちゃんとした芸をやれ」。熱い言葉をもらった。

秋山竜次。体は東映大部屋俳優のファンキーな父からもらい、体ギャグは東映の渋いご意見番からもらった。

秋山に子供ができて、梅宮から出産祝いの連絡がきた。

「好きな時にいつでも俺のクルーザーに乗っていいから！　お前の体を俺と一緒の色に焼かせてやる。そうすると、ほんものの俺の色になるだろ」。

兄弟仁義をかわす仲になった。


（2015年7月）

超人気者の立ち回り方

ロンドンブーツ1号2号
田村　淳

一夜限りの恋は400回以上というモテ男なのがロンドンブーツ1号2号の田村淳である。キスしたいと思ったら、運転中の車の中で「次の赤信号で止まったら、キスしていい？」と聞く。女の子はドキドキして待ち、信号が赤になったら、ワザとキスしない。

こんな恋のテクニシャンだったが、2年前に夫に尽くすタイプの女性と結婚した。もう浮気はしないという。山口県下関市出身。

振り返ると「小学2年で突然イジメられた」ことから目ざめた。仲間が黒板消しで淳を叩き、体がチョークの粉まみれになった。ショックだったが、ヌンチャクを手作りし、いじめっ子の頭を殴った。相手の親が抗議に来たが、母は「殴る理由があるはず」と淳をかばってくれた。さらに、他のいじめられっ子の良い所を言ってあげるようにすると、周りの女子の評価も上がった。その後、生徒会長に当選し、よくもてた。

中学では目立つものがないから、もてなくなった。バスケットボール部の部活に力を入れ、できることから頑張ろうとした。大事なのは、先生への立ち回り方だと気づいた。うまく怒られたり、逃げずに殴られたりして、先生が満足できる態度を心掛けた。そこから人の気持ちを考えて立ち回るようになり、まわりを仕切るのが自分にあっていると気づいた。

高校では、ふぐの助・ふぐ太郎のコンビ名でコントをして賞金を稼ぎ、18歳で上京。田村亮と組んで原宿で路上コントライブをし、上京3年目に吉本のオーディションに合格。

吉本の劇場でトップクラスの芸人になるために考えた立ち回り方は、「応援してくれる吉本の社員を見つける」「劇場の支配人に好かれるために、頼ってる女性スタッフを味方につけること……。

吉本入社後わずか5年でTVのゴールデンに進出した。

順調に見えるが、いつも危機対策をしてきた。〈番組が終わりそうな時〉の立ち回り方は、「まずマネージャーを集める」「TV番組表で、次に役立ちそうな番組をチェック」「出たい番組をマネージャーに片っぱしから交渉させる」。人気者こそ、売り込みに真剣なのだ。

次に、〈女性と2人きり〉の場合の立ち回り方。淳の結論は「よく聞いて、うなづき、ほめてあげること」。すると女性はポジティブになる。「最良の聞き役」として立ち回ればいい。

淳が結婚した元モデルのカナさんのすごい所は、「飲んで朝まで帰ってこなくても怒らない」。人生で怒ったことがないし、淳に楽しんでもらいたいから女性がいても大丈夫。もし浮気されたら、の質問に「一緒に反省します」。1人だけ悪いとは思えないから、だそうだ。

モテ男人生からつかんだ淳の「聞き役に徹する」立ち回り方は賢明だ。が、その数段も上をゆくカナさんの悟りは、並の人間がたどり着けるものではない。まさに「仏心」である。

淳さん、合掌しよう。

（2015年9月）

四尺玉にエクスタシーを見た

笑い飯
中西　哲夫

自分が逆子で生まれたから、ヘソ曲がりな人間になったと信じているのが、笑い飯の哲夫である。

でもアホなことばかり言ってるようで、根は真面目だ。

関西学院大学の哲学科出身で、般若心経好きがこうじて東大五月祭で「おもしろ仏教講座」を開講した。

またM－1グランプリの前には必ず優勝祈願の写経をし、禁酒禁煙までした。

一方、M－1で優勝し有名になっても、昼食は倹約してマクドナルドで100円バーガーに水。水は「お薬を飲むので」と気兼ねして頼む。かなりのケチな変人だ。

で、どこでお金を使うかというと「花火」だ。

M－1優勝のお礼に、新潟の片貝の花火大会で20万円以上払って、尺玉5発を奉納した。

ここは世界最大の四尺玉があがり、花火好き憧れの大会。

当日会場で流れたアナウンスは「片貝の皆様、おかげさまでM－1チャンピオンになれました。

そこで、笑い飯はDVD2枚を出すことになりました。是非買ってください。尺玉5発の打ち上げです」

哲夫は花火師になりたかったほどの花火好きで、大阪で超話題の番組「バレベルの塔」（超難解な問題を全問正解した人のみ『賢者』と認定される）で、見事〈花火賢者〉となった。打ち上げ花火の名称や全国の花火大会の映像を見て場所を答える問題から、最難問は「花火の音だけで尺玉の種類を当てる」問題まで、本職の花火師でも答えられない問題に全問正解したのだ。

哲夫の口癖は「花火は漫才や」。

漫才とリズムが共通していて、「最初ドーンとあがって、次に小さい玉から段々大きくなり、最後に大きな尺玉があがって、もうえ～わ」。

ツカミとラストの迫力勝負なのが、同じ。

これに、西田は「俺、相方と花火しているつもりはないし」。

もう一つの趣味がエロ小説を書くこと。

少し前に、中学生の目線でみた妄想小説『花びらに寄る性記』を出版した。

幼稚園の5歳頃に性にめざめ、中学生になってエロ小説を書き始めた。エロで想像力のトレーニングをし、傑作ネタ「鳥人」もそんな想像力がいかされた漫才なのだ。

哲夫は幼くして花びらに目ざめ、成長して大空に広がる花びら（4尺玉の花火）に超エクスタシーを感じているのだろう。

極楽は花びらにあり!!

（2013年9月）

ピン芸人・タレント

生きてるだけで バンザイ！

明石家さんま

この9月、31年半もの長寿番組「さんまのまんま」（特番は除く）の放送が、森昌子を最終回のゲストに迎えて終了した。さんまのギャラが制作費に比べ高くなったのが理由という。

さんまは奈良市で次男として育ち、3歳の時お母さんが病死した。お葬式の日に愛犬が珍しくさんまの腕をかみ、2針縫うけがをした（きっと母を忘れるなという愛犬の思いからで…）。生母の顔を覚えていないさんまにとって、この傷だけが生母の思い出なのだ。

その後、お父さんが再婚。新しい母には連れ子がいて、弟ができたとさんまは大喜びだった。しかし、その母は実の子である弟ばかりかわいがり、うちとけてくれない。

さんまは新しいお母さんと仲良くなろうと、毎日必死で面白いことを考え笑わせにかかった。学校でもこんなノリを続けたから人気者になり、お笑いの道へ進むきっかけになった。

兄とよくラジオ番組「ヤングタウン」を2段ベッドで聞いていたが、母が隣の部屋で酒を飲みながら「うちの子は、この子（弟）だけや」というのが聞こえてきて、2人で悔し泣きした。

そして悲しい出来事。さんまを尊敬してくれサッカーで国体にも出た弟が19歳の時、実家の火事で焼死した。可愛がっていただけに、さんまはショックで立ち上がれない日々が続く…。

そんな時、同期のオール巨人が舞台で、「お前んち、兄弟焼いたらしいな」ときわどいボケを放った。さんまは励ましだと気づき「そや、材木きれたから、代わりに焼いたんや」。最高に盛り上がった。さんまは「ありがとう、これで芸人やめんですむわ」。巨人に涙を流して感謝した。さんまの大切な人生訓「生きてるだけで、まるもうけ」。さんまの過去を知ると、娘の名前IMALUに込めた真実の想いが、響いてくる。

40年前、桂三枝に見いだされMBS「ヤングおー！おー！」にレギュラー出演。その5年後東京に進出し、すぐ売れっ子に。そしてドラマで共演した女優の大竹しのぶと結婚。大竹には死別した前夫との間に息子にちかがいて、（結婚＋連れ子）というさんまの子供の頃を大人側の立場で体験することに。さんまは自分の生い立ちから、長男のにちかをとても可愛がった。

にちかは小さい頃から喘息もちで高熱を出して苦しむことが多く、さんまは「薬なんか飲んだら体が弱くなるだけや。俺がなおしたる」。そう言って、にちかの両手を一晩中握り続け、一心に手から気を送りつづけた。翌朝なんと具合がよくなり、以後、喘息の症状が出なくなった。家に帰るとまず、にちかの頭をなで言葉をかけてから、IMALUの方へ。子供たちに自分をボスと呼ばせたのも、にちかへの気づかいからだ。

両親の離婚話の時、にちかは「ボスの方についていく」と言ったほど、なついていた。離婚を知ったIMALUは「離婚したら、これから、うちの忘年会と新年会の司会、誰がするのよ」と涙をためて言った。さんま・しのぶ家での忘年会と新年会は、オールスター感謝祭以上の盛り上がりだったに違いない。

（2016年11月）

ブサイクの女王

浅香　あき恵

ブサイクキャラとして愛されている吉本新喜劇の女優が、浅香あき恵である。

今年が芸能生活35周年で、それを記念した座長公演をこの8月30日から一週間、行った。

お客様全員へのプレゼントは、あぶらとり紙だった。「鼻の頭から脂(重油と言う芸人もいる)がでる」とよくいじられることから決まったプレゼントだった。九州の大分市出身。

子供の頃はすごい恥ずかしがり屋だった。

中学2年の学芸会で汚いおばあちゃん役が決まらず、誰かが「あき恵ちゃんがいい」と言ったことで配役が決定し、断れなかった。

やる気なく稽古していたが、本番の日、舞台に出た瞬間に開き直れて、稽古以上に思いっきりやれた。

この時に受けた快感が忘れられず、女優になろうと決めた。

高校時代、映画「愛と誠」の早乙女愛役など、多数のオーディションに応募。高校卒業後には東京の文学座を受験するが不合格だった。

来年も受験しようと思っていた所、知り合いから吉本新喜劇をすすめられたが、最初の印象は「ふざけた奴らがふざけた芝居をしてる……」。

でも19歳で入団。入ってみるとみんな真剣で、やりがいがあった。

当初はマドンナ役で活躍したが、吉本新喜劇のリストラ運動「やめよッカナ!?キャンペーン」でクビになり、島田一の介と漫才に挑戦するが1年半で解散した。

再び新喜劇に戻るが雰囲気が変わっていて出番も少なく、辛い時期だった。

この辛さから逃れようと、この頃、結婚し子供を産んだ。（結婚相手は、漫才Wヤングのツッコミ担当後藤武志）

家庭の幸せをつかみ、辛いことも楽しんでやろうと思い始めたら、うまくいき始めた。

子供の手がかからなくなった時に仕事が増え、ブサイクキャラも喜んでやれるようになった。

ブサイクの女王と吉本新喜劇座長の小籔との、絶品の掛け合い。

浅香『ブサイクって失礼でしょ!! 沢尻エリカに似てるって言われてるのよ』

小籔『ウソつけ。お前とはツキとスッポンや。スッポン言うても亀ちゃうぞ。トイレの方のスッポンじゃ』

浅香『あのウンコ吸い出す?』

娘が小さかった頃、「なんで母さんはブサイクと言われたりするの?」と聞かれ、「オイシイのよぉ〜」と返答。

それ以降、娘は友達に自慢した。

〈母親のブサイク自慢する娘〉って、なんか、いいよね。


（2011年9月）

アナウンサーの夢を芸人でかなえる

浅越　ゴエ

実直なサラリーマン然としたスーツ姿で、司会の仕事をしているのが、浅越ゴエである。祖父は町議会議員、父は公務員という生真面目な血筋をひいている。岡山市出身。立命館大学法学部に入学し、宅建の資格を取得した。

在学中に吉本の養成所NSCに入り、お笑いコンビ「デモしかし」を結成。関西には珍しい小劇場系のクールな芝居風コントをしていた。ひねりがピリリと効いた知的なストーリーが多く、東京のバカリズムやラバーガールに先駆けたネタだった。

テレビに出たりして3年間活動していたが、稼ぎは良くて月3万円。心斎橋筋2丁目劇場の閉館をきっかけに解散した。

大手の不動産会社に就職し、月給が30万円。金銭的に満足した日々を送って1年過ぎた頃、シェイクダウンの久馬先輩から電話が！

「芝居やコントをするお笑いグループをつくりたい」との話に、「ぜひ応援します」と答えると、「いや、参加してほしいんや」。

生活を考えて、すぐ断った。

が、あの冷静な久馬さんがあきらめず何度も誘ってくれ、その熱意にうたれて2年後に、「はい」。

ザ・プラン9の結成である。

グループで演劇ライブをしながら、個人の活動も認める自由な雰囲気があり、浅越はニュースキャスターの立場で突飛なニュースを読み上げる「しっくりこないニュース」ネタで、第2回のR－1ぐらんぷりで優勝した。

破天荒な内容のニュースを「滑舌の良い口調」でしゃべる落差が面白かった。

それもそのはず、もともとアナウンサー志望で、大学時代に4社のアナウンサー試験を受けたものの、ことごとく失敗。

「原稿を読む声がうそっぽい」という理由で落とされたが、芸人になってから毎日放送のアナウンサーと実況のバトルをし、勝利した。

ところで、いま大阪若手の期待コンビ・シンクロック木尾（神奈川県出身）から挑戦状を受けている。木尾は、フジテレビのアナウンサー最終試験8名の中に残った逸材で、MCの仕事を狙っているのだ。

浅越も油断大敵、敵は後輩に潜んでいる……。

（2013年3月）

あれから30年

綾小路きみまろ

昔は温かいご飯に暖かい新妻　あれから40年
今は冷めたご飯にさめた嫁　家で暖かいのは便座だけ

「中高年のアイドル」綾小路きみまろは高校を卒業し、おやじにもらった1万円だけを手に鹿児島から上京。以来、下積み期間30年で、50歳代にブレイクした遅咲き漫談家である。

テレビの名司会者・玉置宏に憧れ、18歳で上京。新聞配達のバイトをしながら拓殖大学へ。その配達先に足立区梅島のキャバレーのオーナーがいて、夜にボーイの仕事を始め司会業も覚えた。小岩のキャバレーに月7万円の高給で司会者として引き抜かれ、そのショーにはケーシー高峰、てんぷくトリオ、泉ピン子たちが出演していた。そこで2年過ごして、新宿へ。キャバレー2軒をかけもちして、この頃、売れないツービートやセントルイスに出会った。きみまろは当時から毒舌で、「皆さんお金もないのにようこそ。ここへ来る方は景気がよさそうに見えてみんな内情は火の車……」。毒舌ネタはたけしと同時にやっていた。新宿には10年いた。

漫才ブームの頃に有楽町の日劇に呼ばれ、それを見た森進一が同郷（鹿児島出身）もあって気に入り専属司会者に。この頃ショーで漫談をやり始め、20分のネタを2本作って日本全国のキャバレーを回った。当時TVのオーディションに落ち続け、テレビは無理とあきらめた。

森進一の司会を8年、小林幸子の司会を4年、伍代夏子のショーゲストを7年。中高年相手に司会や漫談を20年ほどやって自信をつけ、「寄席に出て漫談がしたい」と思い出した。鈴々舎馬風師匠に弟子入りしたのが、2001年1月。ついに50歳で、寄席芸人になった。

4月から、観光バスに漫談のカセットテープを無料で配り始めた。バスで聞いてもらって、面白いと思ったお客さんにテープを電話やハガキ予約で売っていくのだ。その9月にニューヨークの同時多発テロ。海外旅行が激減し、バスの観光旅行が大幅に増えた。そして最終的なテープの販売が5万本。テイチクが人気を聞きつけ、2002年に漫談CDをリリースして、売り上げが160万枚の大ヒットに！　トータルのシリーズ総売り上げ枚数がなんと520万枚！

いま年間150もの舞台をこなし、中高年の人生の悲哀をユーモラスに語っている。なかでも、若い頃との比較が当たった。「あれから30年……」。たけしときみまろは番組「誰でもピカソ」の楽屋で感激の対面を果たした。「きみまろさんって、あの時のきみまろさん……」とたけしが語りかけ、お互い苦しい時期を思い出したのか、感極まって涙を流し肩を抱きあった。収録後の打ち上げで、たけしから「売れない頃のきみまろさんをずっと気にかけていた」と聞いて、きみまろは大粒の涙を流し号泣。後日、たけしは番組スタッフに「無名時代にキャバレーの営業できみまろさんと一緒になった時、その漫談のうまさに驚いた」と語り、話が「きみまろスゴイ」に傾くと見るや、たけしは「だけど俺も漫談やらしたら、結構うまいんだよ」。ポツリとつぶやいた。また、負けず嫌いの虫が出て、俺だってスゴイと……。

有吉流人生サバイバル術

有吉　弘行

自分がMCの番組で刺激的な一言を吐き、ネットニュースで取り上げられやすいコメントをするのが有吉弘行である。最近なら、松坂桃李の服装を見て「童貞臭がする」。若槻千夏の髪を「これ、髪じゃなくてゴミ」。ふかわりょうについて「金の亡者です」。チクリと刺すのだ。

いまや日本で一番ツイッターのフォロワー数が多く、もうすぐ600万を超えそうな勢い。お気楽なシリーズ企画を続けていて、それが人気の秘密だ。たとえば、「オバショット」は観光地などでおばさんが上品におすましして撮る記念写真に似せた写真シリーズのこと。オツにすました表情の有吉に、くすっと笑ってしまう。「今日の田中シリーズ」は、アンガールズ田中のキモい日常写真が定期的に配信されるシリーズで、珍妙な動物をのぞき見る面白さがある。

猿岩石のボケ役でデビューした2年後、フジTV「進め！電波少年」の伝説的な企画・ヒッチハイク旅で大人気になった。帰国後、歌「白い雲のように」がミリオンヒット。が、そんなブームもアッという間で仕事が激減。月収2000万円からゼロになるまで、わずか4年だった。

どん底の頃、唯一やる仕事が午後4時の電話。次の日の仕事を聞く電話で、スタッフから「ないで～す」と明るく言われて落ち込む日々が7年位続いた。一時7000万円あった貯金を取りくずして月9万円のアパートで暮らす日々。貯金を使い果たしそうな時には自殺まで考えた。

苦しい日々、助かったのは内村の番組「内P」だった。ミュージカル・キャッツ風のメイクをした異色キャラ「猫男爵」では、家に勝手にあがりこんでシャワーを浴び全身泡だらけで登場した。さらに覆面レスラーなど〈裸キャラ〉になって暴れて、初めて面白いと評価された。

そこで「女の子にもてたい」という気持ちを捨て、〈裸好き〉で〈体を張ったリアクション芸好き〉な男ファン向けに意識をスイッチした。

そしてついにアメトーークの「おしゃべりクソ野郎」発言での再ブレイク!!

結局「世の中、運だ」と気づいた。

夢はあっても貧乏はつらい。「金がなくても幸せ」は、「ブスでも満足」と同じ。

プライドを捨てると、人生なんてチョロイもの！　こびへつらうのも、苦ではなくなる。

仕事がない時は努力しても無駄。運にはかなわない。よく出るパチンコ台をさがす方が賢い。

自分の内面を磨くより外面が勝負だ。みんな、うわべだけしか見ていない。感じいい人だなと思われたいなら、「挨拶とお天気の話」ができれば十分だ。気さくな人だと言われる。

売れ始めても目立つな。「あいつ勘違いしてる」と指さされるだけ。ひっそり目立たず、でもちゃんと金だけは持ってるというのが理想。だから「芸能界の『窓際族』になりたい」。

一生貯めるだけ貯めて、お金をいっぱい残して死ぬのが最高の幸せだと、地獄を見た有吉は信じている。だって1億貯金あっても、安心できないから……。

（2016年9月）

吉本新喜劇のちっさい大黒柱　池乃　めだか

愛称「ちっさいおっさん」だが、座員からの信頼が大きいのが吉本新喜劇の池乃めだかである。父は3歳で死去。母はそのショックで酒びたりになり、めだかが中学に入る頃、体をこわして入院した。兄は貧乏生活が嫌になり蒸発。14歳で、ひとりぼっちになった。

中卒で、地元の三洋電機に入社。21歳で童貞をなくす。相手はプロの女性で「ボク、初めてか？早よズボンぬいで」。吉本新喜劇での子供扱いのギャグはここで生まれた。

フラワショーのマネージャーの紹介で音楽ショー「ピスボーイ」に入り、未経験のドラムを10日間だけ練習して23歳で芸能界デビュー。その後、友達の「海原小浜の息子かける」と漫才コンビを組み、上方漫才大賞新人賞をとったりして順調だったが、相方かけるが廃業に。

その頃、桂きん枝と女遊びに夢中になり、梅田兎我野町の細い通りを「めぐる横丁」と呼ぶほど通った。常連スナックではホステス相手に、猫のまねを嬉々としてやっていた。まるで子供のまんま……。

吉本の社長から新喜劇に勉強のために行けと言われ、腰かけのつもりで入った。2年間セリフの少ない子役ばかりで、やる気をなくす。それも黄色の帽子、短パン姿の本当の子供役！

そんな時、いま寛大（漫才師いま寛太寛大が解散していた）が魅力的な誘いをかけてくれた。

「俺と漫才せーへんか」。めだかは「急すぎるわ。コンビは人間があうかどうかが大事や。お互い分かりあってから、コンビを組むか決めよう」。

酒のつきあいを1年位つづけて、めだかは「うまくいきそう。寛大のボケはすごいし、性格もいい。」。1年越しで、めだか寛大のコンビ結成を決め、翌日、吉本の劇場支配人の所へ行き、「もう一度、漫才師として勝負したい。新喜劇、やめさせてください」。すると支配人から「来月から、君を副座長にする予定だったんや。残念やなー」。めだかは「ちょっと待ってください。俺の頑張り、見ててくれてたんや」。話を聞いて、また気持ちが変わった。

1年待たせて、裏切る自分の情けなさ。寛大に土下座して「看板が大きなって、そっちを選んで勘弁な」。寛大は小さな声で「わかった。がんばれよ」。

が、新喜劇の副座長になれたが出番の軽い扱いは元のままだった。そのうち寛平座長と組んで「猫と猿の喧嘩」ネタで売れた。スナックの猫まねがここでいきた。猫まねが観客を沢山集めて、「招き猫」になったという小話で……。

その後、新喜劇は若返りを計り、新生・新喜劇「真田十勇士」の出演者に今田耕司や東野幸治などの新メンバーが参加して再出発した。その稽古前に、吉本の大崎（現吉本社長）が「今までのギャグは使用禁止」を宣告した。舞台は弾まず、2ヵ月後の公演では大崎から逆に「今までのギャグ、どんどん使って。めだかさんのカニバサミ、遠慮せずやってください」。

人は変わっても、ギャグは残った。

（2016年10月）

嫁に求める39ヵ条って……

今田　耕司

第2回「ベストクリーニスト賞」グランプリを今田耕司が受賞した。「〝ちょい掃除〟を実践しているキレイ好きな人」に送られる賞で、今田は「芸能生活30年近くで表彰されるのは初めて。まさか掃除でいただけるとは」との弁。ちなみに初代グランプリは、坂上忍だった。

今田は極度の潔癖症で、きれい好き。酔っぱらって意識朦朧で帰宅しても、掃除と洗い物はかかさない。一度、家政婦を雇ったが、今田の部屋を「とってもきれい」と驚いた。その時、今田は「かなり散らかっていたよ」と証言した。よほどのきれい好きでも、無理かも……。

どれ位きれい好きかというと、今田の部屋をのぞいてみれば、わかる。ダイニングの壁は白で統一。天井にシャンデリア。シックな黒の椅子と、ピカピカに磨き上げられたガラステーブル。トイレは大理石の床。ホームパーティで呼んだ後輩がトイレで用を足したら、今田はこまめにふき取っている。ハネが見つかりでもしたら、「トイレは座って使用」を厳命する。

「掃除は僕とハウスキーパーに任せて、料理は最初、外食でいい。家事は徐々に覚えてもらえれば」。嫁候補には、身ひとつで来てもらえばいいとアピールしているが果たして…。

実家は大阪市天王寺区の道善寺というお寺で、3人兄弟の末っ子。子供の頃はいたずら好きで、お寺の本堂に閉じ込められたことがある。中学3年では家出をして連れ戻され、自宅謹慎に。そんなことから、高校は三重県の山奥の全寮制の私立男子校に入れられた。

スパルタ指導で有名で、「リアル男塾」と呼ばれる過酷な学校生活。学校の掃除は、素手で便器をこする。校長先生の話を聞く時、校長先生から目線をそらすとすぐ見つかり、体育館の外に連れ出されて、往復ビンタされる。甘いもの禁止で、外から帰ると身体検査がある。（今田は「枕の中に大好きなイチゴミルク飴を入れて仕送りしてもらい成功」。飴を先輩に配った）。

1年の秋、脱走を決意。寮の一階の便所の窓から逃げ、山を2つ越え、なんとか大阪の実家に帰った。ここで厳格な自活生活をしいられ、潔癖な暮らし方を鍛えられたのだろう。

過去に2回、真剣にプロポーズしたが、2回ともふられた。1回は「あなたと一緒にいる姿が想像できない」と言われ断られた。今田は島田紳助の芸能界引退に際し、司会術のうまさが評価され、多くの番組の後任司会者に抜擢された。その代表的な番組、TBS「オールスター感謝祭」の司会では沢山のゲストの話を回す達人なのに、たった一人の女性との結婚話が実らない。それというのも結婚相手に求める条件が多すぎるのだ。なんと39も!!!

『嫁に求める39ヵ条』とは……28歳以下の清楚な美人で、派手な生活は好まず、地方の両親とも仲がよく、ハーフもしくはロシア人で……どこまで続くねん。これって、高校のスパルタ生活の心の傷のせいでは。『生活のあらゆる面で厳しく管理され、規則だらけ』。

今田は高校からの脱出に成功したのだから、2回目の脱出に挑戦しなければダメ。結婚生活を管理しようという「潔癖症からの脱出」を!! 女性と甘いイチゴミルク飴をたべながら、ね。

貧乏マドンナ

宇都宮　まき

吉本新喜劇の若手マドンナとして頑張っているのが、宇都宮まきである。

最近は、エヴァンゲリオン娘の桜 稲垣早希、マジシャンの小泉エリと三人組ユニット「エリまき早希」を結成し、おしゃべりイベントを行った。

若い頃からタレント志望で、東住吉高校の芸能文化科に通いながらタレントスクールに所属し、CMや舞台を経験。その後、Wヤングの平川幸男師匠に入門し、翌年吉本新喜劇に入団した。

スタイルのよさから雑誌「週刊プレイボーイ」で、水着姿でグラビアデビュー！

貧乏育ちでも有名で、「昭和のメッセンジャー黒田。平成の宇都宮まき」と呼ばれる。

この貧乏同士の黒田と組んだユニット「タモツ&マキ」で、ムード歌謡曲をリリースしたことがある。

格差社会でひたむきに生きるスナックのホステス・マキが、運送業者のタモツに出会い惹かれ歌う大人のデュエットソングだった。

貧乏の理由は家庭環境にあった。

彼女の父親はデパ地下の飲食コーナーで働いていたが、バイトの高校生に「アイスクリームの巻き方が変だ」と指摘され、あっさり辞めた。

バイトを始めても続かずニートになり、1日17時間寝てることもあった。

父親が突然家出し、1ヵ月後に帰ってきた時は腰にターザンのような布切れ1枚だったらしい。

家族は両親と姉弟の6人で、この6人が六畳一間で寝ていた。

彼女は「女の子は肌が白い方がいい」とベビーベッド代りに、押し入れで育てられた。

のどが渇くと父親が教えてくれたツツジの蜜を吸い、時には花壇全部を吸いつくした。

「まきちゃん歩く所にツツジなし」と噂された。

弁当は白飯とミカンだけ。

友達の誕生日に初めてフルーツポンチを見た。

ごちそうは大根おろしにポン酢をかけたもの。

こんな育ちだから食べることに貪欲なのも、納得だ。

「大食い」であり、テレビ番組で、串カツ154本にアイスクリーム1キロを4時間かけて食べ続け、そこでストップさせられた。

これを見た母親から「恥ずかしい。家で食べさせてないみたいやろ」と言われた。

母親の口癖は「うちは貧乏やない。うちが普通で、まわりがお金持ちなだけや」。

彼女も人に言われるまで貧乏と気づかなかったそうだ。

どれだけ、幸せな性格なのだろう……。


（2011年8月）

パチンコ営業の神　江頭2：50

「99人があきれても、1人が笑うなら俺たちの勝ちじゃねえか」。「俺はお金がないからさ。体で払ってきただけなんだよ」。

お騒がせで下品な芸風なのにこんな名言を放ってきた江頭とは、どんな人間なのか？

佐賀県出身で、体脂肪率6％。芸人めざして上京し、大川興業の公演を見て感銘を受け入社した。芸名は、夜中に酒を飲んで必ず深夜2時50分以降に暴れだすことから、江頭2：50。

「店頭公開」というコンビでデビューしたが相方に迫って逃げられた。コンタキンテとコンビを組み「ボキャブラ天国」に出演。今は時々、寺田体育の日と「おやじ同志」を組んで活動。

代表的な江頭イズムが『1クールのレギュラーより、1回の伝説』。「伝説残してやるよ」と叫びながら「何かしでかすぞ」という素振りで登場する。最近では、新宿タワーレコード店でのDVD発売イベントで全裸になり300人の観客の中にダイビングして、罰金20万円払った。

しかし、本質は真っすぐで誠実ないい男なのだ。「パチンコ営業では芸能界で江頭がサイコー」と言わせるほど全力で芸をやって楽しませるから、人呼んで「パチンコ営業の神」。たまに野次をとばし舞台に乱入するひどい観客がいると、江頭はブチ切れて蹴りを放ち「こっちは仕事に真剣なんだよ」。いつでも『全力』が、不器用な江頭の売りなのだ。そして、女性には、とにかく真面目だ。「彼女作ると、色々考えてしまう。だって俺の彼女ってだけで、なんか可哀想で…」。考えすぎなほど、誠実で小心なのだ。この『潔癖さ、真面目さ』は、どうよ……。

芸人としてのオリンピック。それは全世界から来てる会場の客を笑わせることと『クソ真面目に本気』で考えた江頭。自らが「金メダルになろう」と思いつき、黄金の全身タイツ姿で北京五輪レスリング会場に入る。不審に思った公安が後ろに。ハーフタイムショーで「ここで笑わせるしかねえ」と決意し踊り始めると、その様子がオーロラビジョンに映し出され会場が大爆笑した。吉田沙保里が金メダルを取ると大興奮。その時、最高視聴率32・8%だった。

家に勧誘に現れたオウム信者に対し、『クソ真面目』に自説「教祖より俺の方がすごい」を主張。江頭が〈座禅空中浮遊〉を披露し、「オウムの修行より、大川興業の修行の方が格が上なんだよ」とアピールした。「教祖より、マジすごいかも」と思わせ、反対に信者から2万円借りた。

テレビ東京の「ザ・道場破り」の企画で、トルコの「オイルレスリング交流試合」に呼ばれた。3000人以上の観客を前に、オイルレスリングを戦うために来たのに、練習中に頭部を2針も縫う怪我をしてしまい、格闘が無理に。芸を見せるしかなくなり、『心底からの謝罪』の気持ちを伝えるために、そこでできる最高の芸を見せた。それが、ふんどしを脱いで全裸になり、肛門にでんでん太鼓を刺して逆立ちする芸。サービス満点のとっておきの芸なのに、なんと会場からブーイングの嵐が。トルコ警察にわいせつ物陳列罪で逮捕された。日本国内では「国辱者」として報道された。すまない気持ちから、誠実に、深く謝りたかっただけなのに……。

アホに命をかける

桂　三度
（元 世界のナベアツ）

元ジャリズムのボケ役で放送作家、そしてピン芸人もこなすのが「世界のナベアツ」こと渡辺あつむ（現 桂 三度）である。相方の山下とジャリズムを結成し、心斎橋筋2丁目劇場を千原兄弟とともに支えた。おバカなセンスがキラリと光るとぼけたコント群が新しかった。

そして東京のテレビ朝日から呼ばれ、雨上がり決死隊、千原兄弟とバラエティ番組「アメジャリチハラ」を始めるが視聴率が取れず、半年で打ち切りに。東京で活躍することなくコンビ解散。間抜けな山下が、吉本のマネージャーになれると勘違いした事による解散だった。

渡辺は、「笑う犬シリーズ」「めちゃイケ」など人気番組の売れっ子放送作家に転身した。

ピン芸人として人気が出たのは、3の倍数と3の数字がつく時だけアホになるネタ。このネタは、道のタイルを踏みながら歩いていた時、3つおきに明るいアホな色がついていて、そこだけアホな声で数えていったら、おバカなネタになると気づいて出来た。さらにそれを広げて「5の倍数の時、犬っぽくなる」など、遊べるだけ遊んだ。

結婚したのは、2003年3月3日。3の数字に元々、縁があったのだ。

妻はナベアツに負けないくらい個性的な人で、朝起きたら丸坊主になっていて、キッチンでお茶をいれていた。聞くと「毛根をリセットしたかったから」。その後、禁煙中のナベアツがたばこを吸っているのを妻が見つけ、怒って「罰として丸坊主や。私がな」。

　2ヵ月前、ナベアツのアホパワーが炸裂した映画「さらば愛しの大統領」が公開された。彼は、監督・脚本・出演の1人3役。藤山寛美も真っ青の100％アホ祭りだ。史上最悪の不況に悩む大阪の府知事選にまさかの当選をした世界のナベアツが、頼りない日本政府と手を切り、大阪合衆国の初代大統領になると宣言する。

　一方、大統領暗殺予告の捜査に乗り出すのが、宮川大輔とケンドーコバヤシ演じる刑事コンビである。2人が勤務する大阪府警の標語は「ひったくりは1日2回まで」「犯罪するなら東京で」というアホなもの。

　大統領ナベアツが独立国家として実行を約束することは、（その1）「アホと魔法の国オモローランド」を建設して、観光収入を得る。（その2）ギャグで生まれた笑いをエネルギーに変える、省力ならぬ「笑力エネルギー」の開発。（その3）最強の人類「大阪のおばちゃん」の軍事利用。戦場の最前線で「アメちゃんやで～」と駆け回り爆破攻撃する。その他、通天閣の打ち上げ計画に、道頓堀のヘドロ入り美味しい水。さらに、毒殺された彦麻呂の断末魔の叫びが、「お口の中が、ベトナム戦争や～」。

　この映画をくだらないからダメ、という映画ファンがいるが見当違いだ。ギャグセンスのない証拠。正しい感想は「くだらなさの、宝石箱や～!!」。

　これこそ、光り輝くギャグ群へのサイコーのほめ言葉である。


（2011年1月）

好きすぎて、高校野球ＢＡＲ

かみじょうたけし

高校野球好きが高じて、高校野球モノマネ（例えば、石川星稜高校の山下監督が松坂対策を指示する姿のマネ）を得意にするのが、松竹芸能所属のかみじょうたけしである。

好きになったのは小学校６年の時だ。兵庫県淡路島出身で、地元の津名高校が兵庫県予選で準決勝まで進出した。父親に頼んで明石球場まで見に行き、その感動が忘れられなかった。

小学校で入った少年野球チームは弱い方だったので、チーム競技でレギュラーは難しいと思い、中学校では個人競技のソフトテニス部を選んだ。

それでも高校野球熱はずっと変わらず、京都の龍谷大学に入学して決めた下宿先が大学からかなり遠い西宮の甲子園球場近くだった。「甲子園球場に行ってツタを触るだけで幸せだった」とか。

その当時、甲子園の高校野球の最新情報をニュースより先に知りたくて担当記者の滞在先に張り込んだ。初めは警戒されたが、熱意に負け教えてくれるようになった。

大会期間中は地方大会の予選や甲子園に通いつめている。

以前、『高校野球大好き芸人』としてアメトーークに出演後、甲子園に行ったら、駅から球場まで５分の所を高校野球応援団に胴上げされ、30分以上かかった。

さらにツイッターのフォロワーが、1000人も増えた。

高校野球で好きな所は、人生そのものが見えるから。

球場で試合が終わったら、外で3年生の引退式をやっていた。

キャプテンが、両親を前に「8歳で初めてお父さんにグラブを買ってもらい、始めた野球。本気の野球は今日で終わります。ありがとう」。お父さんも本人も大泣きだった。

優勝するのは1校だけ。あとは全て負ける訳で、甲子園は挫折が学べる素晴らしい場所だ。

以前、大阪の中津で「かみじょうたけしBAR」をやっていた。お酒を飲みながらストレス発散に、高校野球トークをしたかったからだ。

メニューが独特で、智辯和歌山、天理など名門の学校名が並び、注文すると、その高校にちなんで考案したカクテルが出てきた。

たとえば、メニューの上宮（大阪の高校）なら、卒業生に元中日ドラゴンズの種田がいて、「種」という所から、「梅酒」。浦和学院（埼玉の高校）なら、元西武ライオンズの鈴木健の頭文字がSKなので、「焼酎濃いめ」。履正社（大阪の高校）なら、野球部の名物監督・岡田龍生監督のガラガラ声になれるほど濃いカクテル、という訳。

カクテルは混ぜて作るドリンク。まわりと溶け合ってチームワーク第一のカクテル野球をこよなく愛する男かみじょうは今年の優勝チームをみて、どんなカクテルを夢想するのだろうか。

（2016年3月）

姑思いの嫁になり　上沼　恵美子

関西で高い視聴率の冠番組を持ち、「西のおしゃべり女王」と呼ぶべき存在が、上沼恵美子である。

テレビで求められる建前上の発言をせず、腹の底から感じた思いをそのまま吐きだす潔さが人気の源だ。特に、嫁姑や嫌いな芸能人の話になると、ヒートアップして愉しい。

上沼は、結婚して漫才の引退を経験したことがあり、今回の島田紳助引退に関して「引退すると、番組スタッフとかが離れていく寂しさがあり、3ヵ月後、紳助さん、耐えられますか」と気づかうコメントを送った。

そして、とどめの一言「飽きるやろっ！」。

実は5年前、紳助の番組「松紳ゴールデン」にゲストとして呼ばれ、上沼が「夫が定年退職するので同時に引退して、ハワイに移住したい」と言ったところ、紳助から「引退は向かない」とやめるよう説得されたのだ。

上沼は子供の頃から歌好きで「のど自慢荒らし」だったが、どうしても勝てないライバルがいた。

天童よしみだ。

中学を卒業して、姉妹漫才「海原千里・万里」の千里としてアイドル的人気を集めるが、関西テレビディレクターと結婚して、専業主婦になる道を選択した。

しかし、それまで家事は一切したことがなかった。

ある日オムライスをつくるが、どうしても薄焼き卵の真ん中が破れるので、ケチャップをハート型にかけて隠した。

夫は「すぐ分かるよ。卵が破れてるのは」と言って、スプーンで卵の傷を大きくした。

上沼はその一言に傷つき、家出した。

そんな悲しさを乗り越えて、料理の腕をあげたのだ。

全国ネットの料理番組「おしゃべりクッキング」は、16年続いている。

新婚生活の時から姑と同居でうまくいかず、2階の姑の部屋にキッチンをつくった。

それでも姑は、炊事するのに下に降りてきて同じ事に。

結局、別居したが、頻繁に通ってきた。

生ごみを捨てる息子を目撃して、「出世前の男の人に、ごみを捨てさせてはいけません」。

最近、俳句にこりだした夫にすすめられて、上沼が作った一句が、「新盆に　母迷わぬかと空見あげ」。

すでに亡くなった姑がちゃんとお盆に戻って来れるか心配する「姑思いの心優しい嫁」が、ここにいる。


（2011年11月）

夫婦げんかの34年

上沼　恵美子

高校生の姉妹漫才としてデビューし、「漫才界の白雪姫」と呼ばれたのが上沼恵美子である。

「海原千里」として人気絶頂の頃に出会った関西テレビのディレクターと恋におち、結婚した。

恵美子22歳。あれから34年、沢山の夫婦げんかがあった。

漫才を引退し、結婚して間なしの頃だ。

夫の大好物の枝豆を使って、夫を笑わそうと考えた。

枝豆をたくさんピンで部屋の壁に突き刺しておくと、帰って来た夫が「あそこにもここにも、いっぱいあるっ」と喜んで枝豆を食べるだろうと。

ところが、どうだ。

帰って来た夫は、ポツリと一言、「僕は疲れてるんだ」。

妻の寂しさがわからないなんて、ひどい。

夫の気づかいのなさに、あきれたことがある。

ミラノの街を観光しまくって、お腹がペコペコになった夜のディナー。

分厚いメニューを開き、夫は前菜をウェイターとああだこうだ相談しながら決めるから、そこまででなんと20分経過。それから、やっと「パスタは?ソースは?」と聞くので、ヘソをまげて「パスタはきつねうどん。ソースはおたふくソース」と答えた。

次にソムリエが来ると、また長々とワインの話が……。

ついにキレて、「もういい。私、帰る」。

妻の空腹に気づかない無神経に怒った。

逆に、妻が気づかいした話。

ある日、夫が元気なく帰って来たので聞くと、「辞令がでて子会社に出向する」とのこと。

そこで、妻は「え、子会社って何？子が医者になったんなら、うれしいけど」。

即興で、オモロイことを言った。

「子供のような関係にある会社に行くんだ」には、「そう。米朝が小米朝になるようなものね」。

さらに思いつきで作った子会社音頭を手拍子つきで踊り始めた。

「♪子会社、子会社、よいよいよいよい……」。

恵美子、一世一代のあほ踊りだった。

夫を思う故の励ましは、たまに暴走することもある。

大目に見てあげて、ね。


（2011年11月）

万博に夢中になった少年

嘉門　達夫

昔の曲「アホが見るブタのケツ・2」が、テレビ東京系番組「ピラメキーノ」で取り上げられ、なんと26年ぶりにCDが再発売されたのが、嘉門達夫である。

番組の打合せで「子供の頃に流行った曲」を話題にしたら、多くのスタッフが嘉門の名前をあげたので放送すると、子供たちの間で大人気になった。

「音楽の時間、たて笛でチャルメラを吹くやつ」などあるあるネタが今でも通用した。

嘉門達夫が少年時代、強烈な印象で忘れられないのが、大阪万博だった。

日本中が浮足立ち、一日最高83万人も集客。自宅にもたくさん来て、あげくは「こんな親戚おったっけ」という人まで泊まった。友達と熱中したのが各パビリオンの記念バッジ集め。外国人コンパニオンに何回も何回もお願いして、もらった。

次に夢中になったのがMBSの深夜ラジオ「ヤングタウン」。

はがきを投稿し続け、読まれるとクラスの人気者になった。

ギター演奏を始め、2人組あのねのねのコミックソングに心惹かれた。

なんとか深夜ラジオの世界に近づきたいと考え、出演者の笑福亭鶴光の弟子になることを思いつく。高校卒業後、厳しい内弟子生活を体験した。（鶴光の一番弟子で、芸名笑福亭笑光《しょうこう》）

19歳で憧れのヤングタウンに出演したが、「パンツの中に氷が何個入るか」などのいじられ役ばかりだった。ラジオ出演が重なるうちに調子に乗り、師匠の機嫌を損ねて、破門に。

鶴瓶兄さんに相談すると「旅に出え」。

そこで冬の能登半島を手始めに、「自分さがしの旅」に出た。

北海道をヒッチハイクしたり、長野のスキー場でバイトするなど暗中模索の日々を過ごす。

そのうち運よく、作った曲が芸能関係者（アミューズの会長）に気にいられ、メジャーデビュー。

「ヤンキーの兄ちゃんのうた」「替え歌メドレー」の大ヒット曲が出る。

6年前、幼馴染で元マネージャーだったTから電話があった。「オレ肺がんで、あと3ヵ月って言われてん」。万博の記念バッジを共に集め、面白好きで大人になっても遊び倒したT。彼にふさわしい葬式を嘉門は提案した。

「葬式場には万国旗を飾って、お祭り気分や。ほんで、式の最後に死んだ本人がビデオで挨拶するんや」「おもろい。やってや」。Tも話にのった。

約束通りの葬式は「爆笑と号泣」に包まれた。

心の通じあった仲間のフィナーレを「祭り」でしめる。

人生、万博で始まり、万博で終わる。

万博に夢中になった男たちの、「これぞ運命」なのだ。

（2012年5月）

借金で人生を知った　カンニング竹山

TV番組の企画で「かき氷店経営の権利」を664万円で獲得し、4月にハワイで店をオープンしたのがカンニング竹山である。1ヵ月限定で売り上げが1220万円。渡航費など含めてトータル35万円の赤字だった。

父の事業が成功し、竹山は敷地100坪以上の豪邸に住み、幼稚園には運転手付きの白いベンツで送り迎えされた。

高校の頃、羽ぶりのいい父からお金の数え方を教わった。

1億円入ったバッグから100万円の束を出し、1枚つかんで札束を揺らすが落ちない。次にもう1枚抜いて揺らすとバラけて落ちた。

「1枚1枚数える必要がない。1億円はこうして数えるんだ」。

父の持論は、「法律ギリギリが一番もうかる」。

お笑いをめざし福岡吉本一期生になるが活躍の場がなく、1年で単身上京した。

ふと入った荻窪の定食屋でたまたま出会ったのが同級生の中島で、カンニングを結成。

バブルが終わる頃、父の会社が傾き、脳出血で倒れた父が急死した。

あとで裁判所から「13億円の借金」の返済を求める書類が届いた。

相続放棄の手続きをして、何とか免れた。

今度は、相方の中島が原付の事故で示談金50万円が必要になった。

その支払いで、竹山は消費者金融から借金するが簡単に借りられるとわかり、つい繰り返してしまう。たまった借金が450万円。

取り立て屋から逃げ回り、やっとたどりついた舞台で「なんで俺がこんな目にあわんといかんのじゃー」と吠えたのが、「キレ芸」の始まりだった。

なんとこれが、売れるきっかけになった。

借金450万円の調停をして、180万円まで減らし完済した。

借金通の竹山は自戒の念から、「100万円までは借りる方に勢いがある。200万円になると返済を心配し始め、200万円を超えるとわけがわからなくなり地獄を見る」。

竹山は、苦労をかけた2歳年上の加藤あい似の女性と結婚。

相方の中島は急性リンパ性白血病で緊急入院し、8年前に死去した。

闘病中、中島は病室で競馬の馬券を高い確率で的中させていた。

「俺が使う金は、JRAに全額払ってもらうわ」。

借金男と賭博男。

キャラが真逆のいいコンビだった。


（2015年6月）

男前な行いに弱い泣き虫男

木村　祐一

昼ドラ「碧の海」で沖縄で民宿をやっている海の男の役を好演しているのが、木村祐一である。愛称はキム兄。顔は母親似で、ちょっと頑固な性格は父親からもらった。「それ、考えられへん」と言ってすぐ怒るイメージがあるが、そんな生真面目さは父から受け継いでいる。

高校卒業後、京都センチュリーホテルに就職。ウェイターとして接客を担当し、一流のサービスや礼儀をマスターした。人生出発のこの体験から後々、松本人志の付き人的存在として、松本に気づかいできない後輩に怒ったのも無理はない。

正義感が強く、生き方が「男前な人」に憧れる。その代表がダウンタウン松本である。芸人になって、漫才にしびれたのがダウンタウンだった。松本とは年齢が同じだが、芸歴は5年後輩。駆け出しの頃いつも先輩の松本と今田に誘われ、〈ずっと3人いっしょ〉の時があった。芸人2年目で大喜利のボケを言った所、松本が「ふつうの2年目ならええけど、お前はその程度ではアカンやろ」。木村は松本から才能を期待されていることに感激した。

松本が東京に進出して活躍し、木村に仕事がなかった頃、スタッフが集まった食事の席で松本が、「こいつは貧しい家に住む奴と違う。俺が、その何倍もする家に住めるように、せなあかん。それ位、キムに世話になってんねん」。

木村が東京で活躍するきっかけは、TV「ごっつええ感じ」の構成作家への抜擢から。それはフジTVのプロデューサーから話がきたのだが、松本がすすめたに決まっている。なのに松本は「そんなん、言うてへん」。その気づかいを思い出すと泣いてしまう。

木村の4度目の披露宴での松本のスピーチが「今回は2人目の赤ちゃんを」。参加していた元妻の長女への心づかいをした言葉に、木村は感謝の念から嗚咽した。

もう一人の男前は、今の嫁、西方凌である。出会いは木村の初監督映画「ニセ札」への西方の出演で、芸名の名付け親も木村。西方はさんまの番組「恋のから騒ぎ」に、ヤンキー口調で男にケンカを売るキャラで出演していた。当時、壁を塗る左官職人をしていて、あだ名は「左官屋」。この頃からキム兄のファンだった。

プロポーズは、なんと西方から。「幸せにするから。結婚はいつでもいいよ」。

この心の広い申し出に参った。

新婚旅行で行った熊本の夜。酔った木村がコンビニで雑誌を落とし、西方がため息をつくと、その態度にイラつく木村。西方はキレて木村の頭を殴り、買った水をそっと置いて歩き去った。木村は「喧嘩してるのに、水を置く。何と優しい……」と泣いた。

仲直りすると必ず泣く木村と、男勝りな嫁。

「松本が最大のライバル」と言う西方。『男前同士』の争いは、いつまで続くのだろうか。

（2014年8月）

吉本新喜劇のご意見番

桑原　和男

吉本新喜劇のベテランで、おばあちゃん役で売っているのが、桑原和男である。

時たま手作りの「垂れ乳」を見せることがあり、爆笑を呼ぶ。

以前は左右の垂れ乳を結んだりほどいたりして遊び、それを気にいったダウンタウン松本がコントで同様なシーンを演じていた。

そんな大事な垂れ乳を、電車の網棚に忘れたことがあり、いまだ見つかっていない。

桑原はいま吉本新喜劇で重鎮クラスの立場にいる。

そこは座長経験者がなれる位置で、舞台登場時に出演者全員がこけるギャグをすることが認められている。

彼なら、傾いた姿勢で舞台に登場し「ごめんください。どなたですか。お入りください。ありがとう」と、挨拶全部を一人語りで言うギャグの時だ。

また重鎮として、劇団での重要な役割を背負っている。

ひとつは、座長に昇格する時の事前承認だ。

小籔が座長になった時も、彼のお墨付きが事前にあった。

他に、劇団員同士の結婚。

内場勝則と未知やすえの結婚に関し、当時は内部恋愛禁止のルールがあったため、彼は最初強く反対したが後に認め、そこからスムーズに運んだ。

ことほどさように劇団内で、彼の存在は重いのだ。

福岡県小倉出身で、夢路いとし・喜味こいしの唯一の弟子となり、漫才師としてデビュー。吉本新喜劇の前身「吉本ヴァラエティ」に入団し、以後、新喜劇ひとすじである。

「やめよッカナ!?キャンペーン」で多くの仲間が去ったが残留し、若い座員も育てた。

彼の新喜劇への思いは「ギャグは偶然にできたもの。コメディアンの命は、ストーリーのなかでいかにアドリブが言えるかです。相手にあわせて変幻自在に返す。これこそが命です」

「年取って腐ってるわ」と言われて、おばあちゃん役の桑原和子が「腐ってるんやないの！完熟って呼んで！食べる?」と切り返す。

新喜劇の楽屋で、黙々と垂れ乳を整えながら、日々アドリブができるように備えている。

（2012年7月）

ハッタリ男の、女子への叫び　ケンドーコバヤシ

いかつい風貌なのに根は優しく、数年前「女性芸能人323人が選ぶ、抱かれたい芸人」で1位になったのが、ケンドーコバヤシ（本名・小林友治）である。

最初に組んだコンビ「松口VS小林」（後のハリガネロック松口と結成）ではプロレス技をかけ合い、飛んだり跳ねたりの動きの多いコントをしていた。

小林から提案された下着泥棒のコントねたを見て、相方の松口は叫んだ。

「お前とやって、売れる気がせん」。で、2年で解散。

丁度その頃、同期で仲がいい陣内智則もコンビ解散した。いつも一緒に遊んでいてお互いコンビを組みたい気持ちがあったのに、2人とも相手に告白できず、小林は結局、別の同期・村越と新コンビ（モストデンジャラスコンビ）を結成した。

とにかく仲間思いで、スキヤキを解散した土肥ポン太に「絶対、芸人をやめたらあかん」と勇気づけ、同期のたむらけんじには、あの看板スタイルの「ふんどし姿」をアドバイスした。

さらに、陣内の結婚のきっかけを作ったのも彼だ。「メールしているがデートに誘えない」と言う陣内に、ふられた姿を見たくって「今、電話してデートに誘え」と強要し、紀香との初デートにつながった。いま考えると、狙い以上の結果になったが……。

ちなみに、紀香の母がファンだとわかり会ってみると、キム兄との勘違いだった。

本人はいたって礼儀正しく真面目だ。でも、そう見られるのがカッコ悪いと感じ、作り話をしたがる。「僕は獄中出産」「実家はノーパン書道教室」。照れ隠しからウソが多い。

一方、「女の子苦手芸人」として、女子にはウソをついてほしくないと言う。

「彼女が何人かいたが、みな何回も好きと言ってくる。が、勝手に嫌いになって去っていく。俺はまだ好きなのに！」

「男女の間でウソをつきたくない。浮気するかもしれないのに、好きと言えない。君を守るなんて、一国と戦える軍事力がないと言ったらあかん」

「男をすぐ無視する。女は卑怯な生き物です。」

「男の元カノの話って、いい話が多い。女の元カレの話って、悪口ばかり」

「女心を勉強しようと少女マンガを読んで分かった。主人公の女の子の大半はドSの男にほれ、優しい男を相手にしない。」

「女子が下ネタを嫌がるのは、後ろめたいから。風俗の女性は男をいやしてくれて、いい娘ばかりや。公務員にしてあげて、税金をとったらあかん」

やんちゃで豪快にみえて、本当は繊細で傷つきやすい男なのだ。

ある風俗嬢がケンドーコバヤシを「今まで相手をしたなかで一番やさしかった」と告白しただけの事はある。

（２０１３年４月）

ものまねを一流の芸に引き上げた　コロッケ

ものまね芸人がくり広げるショーを創作料理といっしょに楽しめる麻布十番のライブレストラン「CROKET　MIMIC　TOKYO」をプロデュースしたのが、ものまねタレントのコロッケである。総工費5億円。

この4月には、地元熊本での地震発生に際し、復旧した熊本空港の第一便で駆けつけ、被災者に海苔巻き千個とパン1500個を贈った。

生まれてすぐに両親が離婚。一日三食とももやしだったりして貧しかったが、母親が底抜けに明るくて助かった。そんな母の帰りを待ちながら、1歳上の姉とタレントのものまねをして遊んでいた。ものまね人生の始まりだ。

7歳の頃、プールで泳いで耳に水が入り、中耳炎になった。お金がかかると気を使い、再発しても母親にいわず、ほったらかしにしていた。14歳で耳に激痛が走り手術したが、右耳がほとんど聞こえなくなった。が、骨伝導で聞くようになり、音に敏感になった。

高校では近所のスナックに頼み込んで、人気歌手の顔まねを披露した。地元のデザイン事務所に就職しても夜はスナックで新作を見せ、昼はグーグー居眠り。2ヵ月でクビになった。

東京のラジオ局でものまねをするチャンスがあり、それを聞いた所ジョージが「君のは似てるけど面白くない」。ショックだった。もっと面白いものまね芸を作らないと……。

19歳で「芸能人になる」と言い残して上京し、都内のショーパブで場数を踏んだ。

TV「ものまね王座決定戦」で勝ち抜き、一躍ものまね四天王の一人としてブレイクした。

まねをした本人からクレームを何回も受けたが、北島三郎がものまねを認めてくれてからクレームがこなくなった。

コロッケの思いは「ものまねは、しょせん偽物。決してメインになれない日陰者ジャンルだったのを新たな面白さをとりこんで、胸をはれるジャンルに育てあげたい。ものまねだけでディナーショーができる時代が来ることをずっと願っていた」。

ものまね自体について。「似てる似てないにこだわる必要はなく、むしろ似てない方がいい。2割似ていれば、あとの8割はオリジナルでOK!」。

ものまね革命児らしく、コロッケは「ものまねは似せるもの」という常識を超えて、「過剰なまでのデフォルメ」に挑戦した。つまり、「妄想と破壊」。

鼻をほじる野口五郎からロボコップと合体した五木ひろし、そして最新の芸は古典落語をアレンジし登場人物を全員、有名人のものまねに変えて一人で演じる「ものまね楽語」まで。

岩崎宏美・美川憲一・ちあきなおみなどにお世話になりっぱなしの「ものまねパワー」で、2億円の豪邸（自称ものまね御殿）を建てた男・コロッケ!!

彼の「ものまね愛」は、誰もマネできない。


（2016年6月）

死ぬわけじゃないし

桜 稲垣早希

「新世紀エヴァンゲリオン」のアスカのコスプレ姿で活躍しているのが、桜 稲垣早希である。

いま毎日放送の番組「ロケみつ」内の企画コーナー〈ブログ旅〉が大人気で、その第1段「関西縦断編」DVDは、オリコンでバラエティー部門、初登場で1位を獲得した。

この番組プロデューサーまで出世して、出演者の月亭八光は「毎日放送自体、早希ちゃんにおんぶに抱っこ状態」ともらしている。

稲垣は性格的に人見知りだったが、中学の頃、テレビアニメの強気な女の子アスカにはまり憧れた。ラジカセで何回も繰り返し聞いてマネをした。

さらに全部自分でやる「一人エヴァンゲリオン」で遊んでいるうちに、碇シンジや綾波レイのマネも上達した。

オタクらしくフィギュア好きで、50体ほど自分で組み立て、自宅のトイレでは、エヴァンゲリオン弐号機のフィギュアにいつも見降ろされている。

高校を卒業して吉本NSCのタレントコース一期生の募集に応募。女優をめざすが芽が出ず、ある日突然、社長室に呼ばれた。

「お笑いをやるか会社を移るか、どっちか選べ」と唐突に言われ、仕方なくお笑いを選んだ。

漫才コンビ「桜」を組んで、いわゆる「エヴァ漫才」をやり始め、話題に。R－1準決勝にも進出した。

人気のブログ旅は、稲垣がエヴァ芸人で「きっとネットに強いだろう」というスタッフの思い込みから抜擢された。

稲垣のブログに寄せられたコメント数とサイコロの出目によって旅の資金が決まるという過酷な旅ロケだ。

「関西縦断」「四国一周」と続き、今は第3弾「西日本横断」。

最近は映画「悪人」のロケ地だった五島列島の大瀬崎灯台あたりにいる。

旅がスタートした当初が辛かった。アスカの恰好で「泊めてください」と声をかけても、気味悪がれ断られ続けた。スタッフは遠くからカメラを回しているだけなので番組撮影だと理解されず、怪しい人だと思われ、傷つき大泣きした。

が、スタッフは一切助けてくれなかった。お金がなく、パンの耳をもらって食べたこともあった。でも、挫けなかった。座右の銘は「死ぬわけじゃないし」。

神戸の東灘区で、阪神大震災を経験。震度7で家がめちゃくちゃ。同級生や先生で亡くなった人もいた。だから、あの時のことを思ったら、どんなに辛くても大したことないって、「上を向いて歩く」ようにしている。

涙を隠しながら鹿児島をめざして、歩く。一人ぼっちの夜……。

（2011年6月）

新喜劇役者のひかえめ人生

島田　一の介

自分より後輩芸人を盛り立て、「一生脇役」をモットーにしているのが、吉本新喜劇の島田一の介である。人望はあつい。

愛媛県宇和島の出身で8人兄弟の末っ子。

貧しくて食事の取り合いをしても、おかずを兄弟にゆずる心優しい子だった。

楽しみは、平参平や岡八郎がでていた吉本新喜劇のテレビを見ること。

新喜劇の役者になりたかったが母親に反対され、地元の水産高校・練り物科に進学した。

卒業後、尼崎の蒲鉾工場に就職した。

なんば花月で吉本新喜劇を見て夢が忘れられず、島田洋之助・今喜多代に弟子入りを志願した。先輩弟子の今いくよ・くるよの助言もあって、入門が認められた。

若くて美人のいくよ姉さんに恋心を抱いたが、いつも横に相方のくるよがいて邪魔だった。

漫才コンテストがあり、同門の島田洋七とコンビを組んだが2人とも訛りがきつくて3日で解散した。

27歳の時、漫画トリオから横山ノックが政界進出で脱退し、上岡竜太郎から誘われたが、吉本新喜劇を続けたいと断った。

役者を頑張り、ついに新喜劇の副座長に昇進！

しかし数年後、人気下降による「新喜劇やめよッカナ!?キャンペーン」が始まり、解雇された。

退団して、浅香あき恵と漫才をするが2年で解散した。

地方巡業のつらい日々を送るが、意地で自分から決して「新喜劇に戻りたい」とは言わなかった。

当時ニューリーダーに選ばれた内場座長が「芝居ができる一の介兄さんにぜひ復帰してほしい」と吉本上層部に直訴して、ついに再入団が決定した。

最近は頭髪がうすくなり、ハゲキャラ役が板についてきた（元蒲鉾屋だけに……）。

新人の頃から40年間続けてやっている持ちギャグが、「ダメよダメよダメよダメなのよ〜」。

いま甘えた声のトーンまで似た日本エレキテル連合の「ダメよダメダメ」がはやっていて、普通なら怒るものだ。

でも、日本一温厚な師匠は喜んでいるらしい。

「やっとボクのギャグらしきものに日があたった」と……。


（2014年9月）

講演で日本一になったる

島田　洋七

漫才ブームの浮沈を経験した後、大ベストセラー本『佐賀のがばいばあちゃん』で復活。今は講演で日本中飛びまわっているのが、元B&Bの島田洋七である。広島生まれ。

2歳で父親を原爆症で亡くす。

幼い頃、働く母が恋しくて、夜の盛り場に来るのを心配した母親が佐賀の祖母に預けることを決心。そのため、小学2年から中学卒業まで佐賀で暮らす。

佐賀のばあちゃんは戦時中に夫を亡くし、以後一人で五女二男の計七人の子供を育てあげ、さらに娘の孫の面倒までみた苦労人だ。

当時、掃除婦をして働き、古くなった家に一人暮らししていたが、生活は限りなく極貧。でも、苦労を吹き飛ばす明るさに、洋七は生きるたくましさを教えられた。

上流から捨てられ流れてくる野菜を拾って「川はうちのスーパーマーケットよ」と笑い、「うちは明るい貧乏だからよか。自信ば持て。うちは先祖代々貧乏だから」。

「他に少しのお金と沢山の友達いたら人生、勝ちかもね」「ありがとう、と言えたら天才だよ」「通知表は0じゃなければええ。1とか2を足していけば5になる。人生は総合力たい」。

ばあちゃん教の信者に、自然になった。

高校は野球特待生として広島広陵高校に入学。19歳で佐賀に戻り、今の妻と出会って東京に駆け落ちした。が、歌手になる夢破れ、大阪へ。芸人をめざし、B&Bを結成して3人目の相方の時に、東京に進出。そこで漫才ブームに火がついて、一時は月収1億円の時もあったが、ブームの終焉も早かった。

その頃、群馬の小さな商工会で初めて講演をし、やりがいを感じた。笑わせ泣かせて75分後、晴れ晴れとした顔にさせる。テレビの人気者でも、話術の実力がなければ一流の講師にはなれない。

「講演で日本一になったる」と誓った。マスコミ人気が消えようと講演を胸張ってやれたのは、ばあちゃんの教えによる。

「英語わからん」と聞くと「じゃ、答案用紙に『私は日本人です』と書いとけ」

「歴史も嫌いや」「じゃ、『過去にはこだわりません』と書いとけ」。

ばあちゃん教の信者、洋七は以来、講演を重ねること、およそ4000回。日本一に近づいている。

（2011年3月）

矢野顕子に導かれて、今がある

清水　ミチコ

ピアノの弾き語り「ものまね」や一人でメーク・髪型・衣装までこなす「顔まね」で、今「ものまね女王」の異名を持つのが、清水ミチコである。なかでも、顔まねはその人へのツッコミでありボケでもある「一人二役の芸」だと愛着を持っている。

実家は飛騨高山の駅前でジャズ喫茶をやっていて、部屋に聞こえてくるのはモダンジャズばかり。でも高校1年の春に、矢野顕子がTV「11PM」で弾き語りをしているのを見て感動した。童謡をジャズっぽくアレンジして歌うなんて想像もできなかった。すぐ近くのレコード店に注文したら、和田アキ子と勘違いされて…。矢野のレコードをすり切れる位、聞いた。

さらに、ものまねも本気でやりだした。桃井かおりの大ファンで高校で宿題が出されると、「宿題やんなくちゃ、いけないいわけ…」とか、彼女の口調をまねて一人で楽しんでいた。

いよいよ、東京に行きたいという思いが強くなった。矢野顕子と同じ空気が吸える場所で生活したいという理由で岐阜を離れ、東の短大家政科に進学した。

短大に入って熱中したのが、ハガキの投稿。ラジオ番組やパロディ雑誌「ビックリハウス」に投稿して面白さを競うハガキ職人をやっていた。それを知ったバイト先の店長からディレクターを紹介され、ラジオ局の構成作家をすることに。コントのネタを書いていたがたまにやるものまねが好評で、ラジオ番組への出演が増え、ラジオDJとしても活躍した。

当時、渋谷のライブハウス「ジャンジャン」では、持ち芸を入れたテープ審査で受かれば無料で昼のステージを貸してくれることがわかり、デモテープを持ち込んで合格した。初舞台を踏んだのは、26歳の時。「ピアノを使った音楽パロディ」に「エレベーターガール模写」などのネタを演じた。この日、才女出現のうわさを聞きつけ、永六輔が見に来ていた。最初の感想が、「芸はプロだけど、生き方がアマチュア」。あいさつとか、芸能界での振る舞い方への注意だった。そして、「とにかく場数を踏んだ方が良い」とアドバイスしてくれ、いろんな出番の機会を提供してくれた。自分のライブに出してくれたり、その面倒見の良さは、まるでプロデューサーのようだった。永が応援した理由は「コピーではなく、批評になっている。嫌われるのを覚悟した芸はジャーナリスト的だ」と高く評価していたから。

そして、フジTV「冗談画報」や「笑っていいとも」レギュラー出演と続き、天狗に。その鼻をくじいたのが、TVバラエティ「夢で逢えたら」だった。コントをしても簡単なアドリブが言えず、ダウンタウンたちとの実力の違いを知り、かなり落ちこみ自信を失った。で、「過去の自分を捨て、新しいことに挑戦しよう」と心機一転。「顔まね」に挑戦し新境地を開いた。

永遠のテーマが「矢野顕子」。今でもコンサートに行くと、体が異様に興奮し始めるほど緊張するというのに、清水の作る「矢野の顔まね」は緊張感のかけらもないマヌケな「ゆる〜〜いお顔」。本当に発言通り、心底から尊敬してるのか、それとも…。顔まねはうそをつかない。

新座長のギャグ『乳首ドリル』がバカ受け!!　すっちー

吉本新喜劇の新座長に昇格し、先月中旬にNGKで初座長公演を開催したのが、すっちーである。

新座長は川畑泰史以来の7年ぶり。公演では、観客が待望しているギャグ「乳首ドリル」を披露し、会場を爆笑で揺らした。

すっちーは元漫才師ビッキーズのボケ役。ハッピ姿で、舞台からアメをまいていた。

風俗が好きで、女性が近づくと寄り目になり、「エロギツネ」と呼ばれた。

当時、若手のエロ三羽烏の一人と目され、精力剤マニアだった。

他は、チュートリアル徳井とランディーズ中川。

7年前にコンビを解散し、心機一転、新喜劇に入団した。

昨年、公演に遅刻してしまい、謹慎処分をうけた。

が、その期間にあった第一回歌ネタ王決定戦（毎日放送主催）に「すち子&真也」で出場し、なんと優勝してしまった。

獲得した賞金が500万円。しかも司会が新喜劇座長の小籔で、本人以上に喜び泣き、「次期座長」と叫んでくれた運がある。

舞台で人気のキャラは、おかっぱ頭でめがねのオバハン「すち子」。自分がかわいい迷惑キャラで、立場が下の人にはズケズケ言い、上とみるとおべっかを使って機嫌をとる。

実はヒントにした人がいて、それは態度は上品なのにえげつない仕事をもってきた吉本の元女性社員。グラマーな体型だったので、Gカップの巨乳のオバハンキャラにした。

今回の新座長就任の後押しをしたネタは、大阪でバカ受けのギャグ「乳首ドリル」。「小学生が選ぶ新喜劇イチオシギャグ」になり、大化けしそうだ。

すっちーが若手の吉田裕をたたき棒でたたくシンプルなギャグだが、見飽きないショー化されている。

今やすっちーがたたき棒を持つだけで、会場がどよめく。対する吉田は「叫び役」で、「すんのかい、せんのかい」と「毛細血管いっぱいつまってるとこ、脇っ！」が流行語に。

新座長の船出は快調そのもの。ドリルには問題集の意味があるが、スタートした「すっちー新座長」のこれからの人生ドリルが成功するかどうか、ずっと見守っていきたい。

（2014年6月）

人気座長の顔の裏に、エロさあり　すっちー

吉本新喜劇の新座長になってから、乳首ドリルやすち子&真也の歌ネタなど話題を送り続けているのが、すっちーこと須知裕雅である。

以前組んでいた漫才コンビ・ビッキーズは、どこに行っても受けた。

しかし逆に、とがった個性がないことが不満だった。

相方の木部はおとなしい性格で、ツッコミの役割である話の進行もうまくやってくれない。イライラがたまってついに、すっちーからコンビ解散を告げた。

喫茶店で「あの時、言った通りになぜつっこまなかったのか」などと、たまった不満の数々を細かく指摘して追いつめた。

なんてひどいことを言ったのかと後で反省し、今でも劇場近くのその店の前を通るたびに心痛めている。

最近、木部は本心から「俺は漫才をやめたくないと言った。でも、漫才に誘われてからずっと何も出来なくて、教えられてばかりで。いつも優しかった」と感謝の思いを伝えた。

なんて、いい奴だ！

ピンになり新喜劇に入団。初めてもらった台本のボケがベタで面白くなく、ボケをいろいろ

工夫するが全然受けない。仕方なく台本通りにやったらドカンと受けた。ショックだった。

漫才の感覚で、出てすぐ変な歩き方をすると少し笑いがくるが、本題になると受けない。ボケを我慢し、ここぞという時にボケると爆笑がとれ、頭から笑いをほしがる漫才の常識を全部捨てた。

座長になると給料が大幅アップするが、やることも多い。

台本作家との打ち合わせ、配役、稽古と休みなく、緊張が続く日々だ。

仲がいいのがランディーズ中川（エロ三羽烏の仲間。他に、チュートリアル徳井）。

実は、その中川と劇場近くで同居している。

2人の妻とも子供ができて、それぞれの実家そばに引っ越してしまい、狭いマンションに男の2人暮らしだ。

そのエロ三羽烏がエロい年越しライブをやっていて、ひと月前の大晦日も京都の祇園花月で「ぎおん三羽ガラス～ゆくエロいくエロ～」を開催した。

紅白エロ歌合戦に、触るとご利益があるエロみこし、48秒前から始まる「四十八手カウントダウン」。

きっとすっちーはこの時だけ緊張を忘れて、阿保になれる快感をかみしめたことだろう。

（2015年2月）

36周年の無謀な挑戦

大平サブロー

横山やすしのものまねが絶品で、西川きよしと「新やすし・きよし」で営業に回ることがあるのが、大平サブローである。

中学からものまねをしていて、やすし本人より今や「やすし歴」が長い。

レツゴー三匹に弟子入りし松竹芸能から漫才を始めるが、その後、事務所を移ったり「コンビの解散と復活」を繰り返した。

多趣味で、やすしと同じくマラソンに本腰を入れ、ボクシング好きがこうじて、レフェリーのライセンス取得を目指す。資格好きで、気象予報士の試験まで受けた。

今年、芸能生活36周年を迎え、原点に立ち返り新たなサブロー像を発見しようと、無謀なプロジェクトを立ち上げた。

それが、「36のむちゃブリ企画に挑戦」!! つまり、サブローの名前にちなみ、36人の仲間からもらった「むちゃな企画」に身体を張って挑み、実現していくのだ。

フィナーレは、来年3月6日にNGKで開催される西川きよしのリクエスト「36人の相方とリレー漫才」に決まっている。

これまでに実行したものを列挙する。

ブラックマヨネーズ吉田の発案「3月6日に競馬のメインレースで36万賭ける」。結果はなんと50万円も稼ぎ、賭け金を借りた吉本にその場で返した。

たむらけんじは、おごられる喜びを思い出したくて「月に3回、年36回ご飯に連れていってもらう」。

オール阪神からの「24時間耐久釣り」は、すべての運を使い果たしたと言う位の大物を釣り上げた模様。

桂雀々の要望に応えて、上方落語の45分の大ネタ「地獄八景」を熱演した。

世界王者のプロボクサー井岡一翔とのスパーリングでは2度のダウンにめげず、やりきった。

明石家さんまからは「北海道の国道36号線をてくてく歩きながら、芸人人生を反省せよ」。

唯一の問題は間寛平の「東京湾を千葉まで泳ぐ」。今の水温を考えても無理難題で、チェンジを求めることになりそうだ。

むちゃブリで思い出すのが、サブローが以前、自分の都合で辞めた吉本に復帰するときに島田紳助が出したむちゃブリだ。「3ヵ月ノーギャラで働く」「これから独立しようとするタレントへの説得」「吉本の林正之助会長の墓参り」。これを実行するから吉本復帰を認めてほしい、という愛情とユーモアあふれる紳助のアイデアだった。

つまり、こんなむちゃブリ実行は、つらい「破門と復帰」を経験したサブローならではの「お家芸」なのだ。

（2011年12月）

元祖テキトー男

高田　純次

「人生そのものが散歩」という高田純次がぶらぶら歩く「じゅん散歩」が始まって、はや1年。女性に握手を求められると「握手だけだよ〜。チュウはいいかな?」。店主に「やせたねー」と言われると、「毎朝10キロ走って、5キロのバーベル持ち上げて…やろうと思って、50年」と返す。気さくに話しかけテキトーにぼけて、高田の親しみやすい魅力があふれている。

地井武男の「ちい散歩」、加山雄三の「若大将のゆうゆう散歩」に続き、3代目の散歩人として近郊を自由に歩く。2年前に手術して体調を回復し「足腰に関しては、完璧に近い。今は100メートル9秒くらいで走れるのでは」。相変わらずのテキトー加減が最高だね。

番組初日に、「どうも、純次（ジョージ）・クルーニーです。ごめんなさい、最初からボケちゃいました」。2日目、「もう20年くらいやっている番組なんですけど」と真面目な顔で言う。

以前、アジアをぶらり旅する番組で次のロケ地・台湾のことを聞かれ、「台湾は5回くらい行った。取材のポイント?わからないよ。どこ行ったか全く覚えてないから。だから、いいよ、毎回新鮮で」。これには「おいおい、それじゃ、どこに行っても同じじゃん」と強く叱りとばしたい気にもなったが。それだけツッコミ所がいっぱいある存在なのだ、高田純次という男は!

高田は東京デザイナー学院グラフィックデザイン科卒業後、広告関係のバイトをへて、自由劇場の劇団員になるが1年後に退団。イッセー尾形と共に劇団「うでくらべ」を結成するが、半年で解散。その後、結婚して26歳から4年間サラリーマン生活を送った。1977年、劇団東京乾電池に入団。会社も退社して生活が苦しかったが、80年代を代表する番組「天才・たけしの元気が出るテレビ」で高田がぶっ飛んだロケをして、「元祖パンク芸人」と注目された。

高田は番組の収録中、他の出演者とからまず「ボー」としている時があり、「高田電池切れ」と呼ぶ。電源（パワー）がONとOFFとで、活動の仕方が大きく違うのだ。ONは基本、若い頃の高田で、「クレイジー」。OFFは中年以降の高田で、「テキトー」。特に最近は、ライフスタイル自体がテキトーで、自由人らしく「おふざけ」をたっぷりと愉しんでいる。

「近頃の悩みは老化で。こないだ、お医者さんに『余命45年』と言われちゃったよ」とか…。

高田が電源ONの時にやった極めつけのパンク的ロケがこれ。「オーストラリアのトークバラエティ番組にバズーカをもって出演。スタジオに登場するや、いきなり司会者めがけてバズーカを発射。番組から早朝バズーカのリクエストを受け、一般人の家に乗り込みバズーカを撃ち、パトカーが出動するほどの騒ぎになった。住民から騒音被害で訴えられ指名手配された」。

そんな若いころから年齢を重ねて、電源OFFのテキトーな行き当たりばったりの仕事（その代表が「じゅん散歩」）が高田純次本来のいい加減なキャラが楽しめ、毎日見たくなるのだ。

憎いことにスタイルがいいからもてる。銀座のクラブホステスは「テレビ以上に愛想がよくて飲み方もスマートで紳士的。でも、ひとたび口を開けば、下ネタとおやじギャグばかりで…」。

青春のいちずな交際の甘美さ　たむらけんじ

半年前に別居していた妻と離婚し、その離婚条件だった「妻と3人の子供が住む家を35年ローンで買った」のが、たむらけんじである。

この妻の親の焼肉店を引き継ぎ成功した恩義は、今でも忘れない。

別居後も子供とはたびたび会い、子煩悩な一面も見せる。

ちなみに、おなじみのギャグ「ちゃ〜」は息子のアイデアで、息子から5000円で買い取った。

たむけんは、大阪和泉高校の同級生・大北（ボケ役で才能があった）とコンビ「LaLaLa」を組み、心斎橋筋2丁目劇場ブームにのって人気を集めたが、26歳で解散。

このコンビを組んだ頃につきあっていたのが、鈴木紗理奈（本名・宗廣華奈子、16歳）。

合コンで知り合い、劇的にかわいかった。

クリスマスに華奈子から来れなくなったと連絡があったのに、たむけんに会いたくてヒッチハイクまでして家に来てくれた。

そんな幸せカップルだったのに、華奈子が東京のモデル事務所にスカウトされ、あっという間に売れて人気アイドルになってしまった。

当時よくたむけんと一緒に遊んだ陣内智則は、「まじめにつきあっていた。彼女が仕事で忙しくなり会えないと元気なかった。一度右手に包帯を巻いていて、どうしたのと聞くと、華奈子から別れ話の電話があり悔しくて目の前の押入れを殴って手が血まみれになったと。ショックだったみたい」。

そんな別離から20年。

ついに番組「めちゃイケ」で、昔の真剣交際を認め再会した。

たむけんは、「一緒にいたあの短い時間がとてもとても楽しかった」と青春の思い出を幸福感につつまれて告白した。

彼を通り過ぎた2人の女性、感謝する元妻と充実した青春を過ごせた華奈子。

それと比べて、最近交際が報じられた女性の違うことといったら！

ｍｉｓｏｎｏだ。

頻繁に食事をし、ｍｉｓｏｎｏが大阪に仕事で来ると、たむけんの家に泊まる。

理由は「彼の家をホテル替わりにしているから」。

たむけんが朝起きると、裸に近い状態でソファに寝てるんだとさ。

「人生いろいろ女もいろいろ」とは、この事だ!!

（２０１４年2月）

坂の歩き方を知る男

タモリ

この8月、71歳の誕生日の集まりで、タモリはついに引退の気持ちをもらした。

3歳で両親が離婚し、祖父母に育てられる。幼稚園を見に行くと園児たちの「ぎんぎんぎらぎら夕日がしずむ」の歌声が聞こえ、お遊戯をする姿がみえた。子供心に「とてもバカバカしい」と思ったので祖父母にあの輪に入りたくないと言い、幼稚園に行かず。遊び相手がいなくなり、長い坂道の途中にある自宅の生垣から、坂道を上り下りする人を一日中観察していた。

早稲田大学でモダンジャズ研究会に入ったが先輩から「マイルスのトランペットは泣いているが、お前のペットは笑ってる」と言われ、トランペットは3日で首!! 司会担当になった。

授業料未納で除籍に。学生バンドが流行っていて司会を続けたが、郷里の福岡につれもどされ7年間のサラリーマン生活。保険外交員、ホテルの支配人、喫茶店マスターなどを経験した。

デビューするきっかけは、博多での山下洋輔トリオ（ジャズ）との出会いだった。ホテル室内でサックス奏者の中村誠一が、籐のごみ箱を見つけ頭にかぶって虚無僧のまねで踊っていた。別室でスタッフと飲んで帰ろうとしていたタモリがバカ騒ぎに気づき、いきなり歌舞伎口調で入ってきて、そのまま乱痴気騒ぎになった。中村がデタラメの韓国語で話しかけると、タモリも流暢な韓国語もどきで応戦し、皆ビックリした。明け方までふざけた密室芸を見せ続け、ふと山下が「今日は熊本大学の学園祭に行く」と言うと、タモリが自分の車で送っていくという。タモリはライブ後の打ち上げが楽しみで、それから3日間ずっと一緒だった。

その後、山下が新宿ゴールデン街のバーの仲間とカンパした金で、タモリを東京に呼ぶことに。そして昭和50年6月のその日!! タモリがバーの常連客を前に「噂の密室芸」を披露した。山下洋輔や筒井康隆からのリクエスト「中国語のターザン映画」や「大河内伝次郎の宇宙飛行士が空気漏れに苦しんでいる様子を韓国語で」も即興で演じ、客は新鮮な面白さに熱狂した。

この場にいた赤塚不二夫も感動。「ギャグにほれた。絶対に九州に帰してはいけない」と思い、目白の高級マンションをタモリに明け渡し、ベンツ乗り放題。月3万円（今の20万円位）のこづかいまで与えた。赤塚は下落合の狭い仕事場で、倒したロッカーをベッド代わりにして寝泊まりしていた。着る服がなくなると赤塚邸に取りに戻るが、よその家みたいですぐ帰った。

その10年後。タモリは、連載がなく困っていた赤塚に「会社の顧問料として毎月30万円」を振り込んでいた。赤塚の古いベンツも1000万円で直接買った。プライドを傷つけずに…。

タモリは東京に初めて来た時、何と坂の多い場所だと驚いた。坂道はタモリの幼少のころからの趣味で、好きな坂は「微妙に湾曲」していて「周りに江戸の風情を残している」こと。「坂道研究家の山野勝」と居酒屋で出会ったのが縁で「日本坂道学会」を結成。会員は2人だけでタモリは副会長。上り坂下り坂の「坂の歩き方」をよく知っているタモリ。今回の引退宣言は、「人生の坂」を下りるのに今が一番いいタイミングだと分かって発表したのだろう。

一発屋の元祖

ダンディ坂野

「ゲッツ」で一世を風靡。一回人気絶頂にいって除夜の鐘が鳴り、あっという間に仕事がゼロになる恐ろしいリセットを体験したのが、ダンディ坂野である。元祖ブレイクを駆け抜けた男。

石川県から26歳で上京。お笑い養成所は20歳前後の若い子ばかりで、ピン芸人として出発した。数の少ないピン芸人ライブでMCを頼まれ、ピン芸人を滑稽に持ち上げてイジる「アメリカンコメディショーの司会」みたいなキャラクターを空想。ダブルのスーツに蝶ネクタイ姿で、アメリカンなノリでしゃべってみた。それがなんと受けてしまい、一夜限りのキャラクターのつもりが、20年続けることになってしまった。

ピン芸人たちを「とっておきのコメディを見せるから、期待してろよ～～腹抱えて笑うんじゃねーぞ」とオーバーに紹介したりして、明るいノリが命。なので、なかなかネタができない。

困ったのが、NHKの爆笑オンエアバトルだ。1回目から、幸運にも参加させてもらった。最初4回出て、3回オンエアと好調だったが、そこから5連敗。トータルでは、23戦7勝。

ある時、エディ・マーフィを思い出し、もっと「へそ曲がりなキャラクター」にしようと思い立って、さっそくアメリカンジョーク集の本を買い、日本流にアレンジした。

その後、マツモトキヨシのCMの話が来て、企業カラーの黄色のスーツで演技した。

話題になり、「あっ、ゲッツの人だ」とよく言われた。2003年、いきなり大ブレイクした。テレビに出て2ヵ月後くらいにギャラが振り込まれ、口座の金額がどんどん上がって行くときに実感する。ブレイク中はほとんど同じことを求められ、仕事をこなしているだけ。とにかく流れに身を任せて仕事をしていた。波が来ているときは、その波に乗るしかない。

が「一発屋の宿命」で、あっという間の失速。テレビの仕事が減ったら、地方の営業の仕事が増えた。各県の県庁所在地をたどって日本一周するのだが、収入はTV出ずっぱりの時より多かった。しかもマイルがたまって、2007年、ハワイに夫婦で旅行した。

でも悲しいことに、次にブレイクした人が同じようなコース（県庁所在地）を1周目にまわるので、2周目以降の営業先はナントカ町とか、ローカルな町を回ることになる。

一発屋といわれて、へこむ時もあったが、3年くらいして、こっち側が増えて安心できた。毎年、レジェンドが出現した。その代表のHGは「我々の芸は伝統芸能と思ってくれ」と宣言。

ダンディ坂野にはCMの話がコンスタントにあり、「人間の価値はCMの本数で決まる」が持論だ。「ゲッツ」という決め台詞が「何かと使いやすい」ということで、地方からの営業やCM出演依頼が多く、たくさんかせいでいて、今や〈投資信託の話〉に移っている。

サンミュージックがお笑い部門を作って、5年やってダメだったら撤退しようという時、5年目でついにダンディがブレイク。ダンディがいなかったら、サンミュージックからお笑いが消えていた。カンニング竹山など所属芸人は、ダンディに足を向けて眠れない。

海外でうける日本語字幕

チャド・マレーン

大阪弁が達者なオーストラリア人ということで、ダウンタウン松本人志が「大阪ラリア人」と名づけたのが、コンビ名チャド・マレーンのボケ担当チャドである。

チャドは、最近、日本映画の英語字幕を頼まれることが多く、松本人志監督の4本の映画すべての翻訳を担当した。

最新作「R100」も任されて、海外での映画の評価も高い。

松本の映画「R100」では、せりふに無駄がなく、やりやすかったという。

チャドは「松本監督は笑いをわかっているため、的確な言葉を選んでいる」。

9月のトロント国際映画祭でも観客の反応がとても良かった。

そのトロントでは松本監督の隣に座らされ、「めっちゃ冷や汗かいて。どこか一場面でもすべるところがあったら、僕の翻訳の問題だし。受けろ受けろと願ってた」。

一点、オチの場面だけ、観客の反応が弱く、今も理由がつかめないままだ。

チャドは高校1年で交換留学生として、兵庫県に来日した。

何の目的もなく来たが、学校でみんながダウンタウンの話をしていて漫才に興味をもった。

テレビのお笑い番組を見て、日本語をマスター。

ジェリー・ルイスが好きだったが、日本のお笑いが世界一だと考え直し、ぼんちおさむの弟子になった。

英語の字幕を手掛けたのは、2005年の山口雄大監督の映画が最初だ。

字幕が面白くなく急きょ「チャドに頼もう」となり、一晩徹夜して作った字幕が海外で大評判だった。

以後、板尾監督『月光の仮面』など20本以上の映画の海外版字幕を制作している。

一番気をつかうのが、言葉の「間」。

「受けるかどうかは間できまる。日本語と語順が違うが笑うタイミングは同じにしたくて」。

芸人の自覚は今も強くある。

作った字幕が受けていたら、「人の作品で喜んでいいのか。芸人として、俺が売れなければ!」。

でも、悲しいかな、現実は、来日したての日本語が片言だった頃の方がもっと受けていた……。


（2013年12月）

第二の人生は、落語家で

月亭　方正

ヘタレ（弱虫）キャラと見られた山崎邦正が月亭八方に弟子入りし芸名まで変えたのが、月亭方正である。

デビューしてすぐ番組「ガキの使いやあらへんで」に出演しアイドル的人気が出て、わずか3年でブレイク。バレンタインには段ボール16箱のチョコが届いた。

だが、ここから風向きが逆転した。テレビに出るたび人気が下がったのだ。

人気絶頂から一転、番組に出るたび「オモロナイ」と言われる屈辱の日々。スベリキャラとして扱われるのが納得いかず、耐えられなかった。何度も芸人をやめようと思った。

出川哲朗が「ライバルは山ちゃん」と言っていたが、ウソばっかりと信じられず「おしゃべりで笑わせたいんや。出川とキャラかぶるわけない」。ほんと、リアクション芸人の自覚がなかった。

28歳で、最も辛い仕事が始まった。

12年も続いた体を張ったモリマン対決だ。「パンストはがしあい」や「八宝菜かけあい」など一年の半分は嫌だった。中でも、「ゴボウしばきあい対決」。とにかく、めちゃくちゃ痛くて「何でこんなことせなあかんねん。何がおもろいのか、わからへん。笑われてるだけや」。

ちなみにゴボウの花言葉は、「いじめないで」。

ある日、営業で20分の持ち時間が与えられて初め喜んでくれるけど、後やることがない。

芸のなさに落ちこみ、先輩・東野に相談すると「落語聞いてみたら。枝雀さんオモロイで」。

ダウンタウン世代で古い笑いをこわそうとしてきたし落語をみたこともない。DVDを借りて
最初の「壺算」は、？だったけど、「高津の富」はすごくオモロかった。コレや、ってなった。

39歳、道が決まった。それからは、枝雀漬けの日々だった。

「俺が人生で最後にやること。それは落語だ」。

そして月亭八方に弟子入りを志願した。

「弟子になれて、うれしくてうれしくて」。八方の方をもらい、方正。〈ほうせい〉は変えず、

〈正しい方法〉と読める名前になった。

無我夢中で落語にのめりこんでいった。あいてる時間をすべて落語に使った。さらに落語家
として生きるため嫁を説得し、今の東京の地位を捨てて拠点を大阪に移した。

落語を始めてよかったこと。それは「落語は一人で全部やるし、スベルとかありえないっ！」。

方正は「第2の人生、第2の命は師匠にもらった」。

八方は「TVの売れっ子タレントの看板を脱ぎ月亭の看板を背負って、月亭一門に華を添え
てくれている」。

2人ともほめあって、お互いいい顔を見せ合う八方美人なんだから。

さすが八方一門……。


（2016年5月）

大阪風味のコメディアン

辻本　茂雄

「茂造じいさん」キャラを創り、老若男女の幅広い人気を吉本新喜劇に集めたのが辻本茂雄である。中学時代から競輪選手をめざすが足に腫瘍が見つかり夢を断念した。

気持ちが荒れたがダウンタウンに憧れ、お笑いに方向転換して、漫才コンビ「三角公園ＵＳＡ」を結成した。

ちょうどダウンタウン全盛の頃で新感覚のギャグしか受けず、いつもイライラしてよく相方を叱り、コンビ別れした。そしてピンになり、吉本新喜劇に入団。

注目されるきっかけは、池乃めだかだった。

恋人の自殺を止める緊迫したシーンで、めだかがアドリブで「たしか彼氏のアゴ本さんでしたね」。それに「辻本やっ！」とつっこむと客が一斉に笑った。

「アゴねた誕生」の瞬間である。

ここから「アゴ本」「シャクレ本」といじられ、出番を大きく増やした。が、毎回同じギャグの繰り返し。いくら受けても「芝居を覚えないと新喜劇で長く生き残れない」と考え、吉本に「アゴねたをやめたい」と直訴した。返事は「あごネタなくなったら、仕事なくなるぞ」。

案の定、仕事が激減した！　信念を曲げられない不器用な男なのだ。

実は辻本本人は「自分は受け口だ」と思っていたが、「アゴが出ている」と気づいていなかった。だから、受け口は3年かけて矯正した。自分の売り物を修正して、どうすんの？……。

飛躍のきっかけは、間寛平だった。

新喜劇の広島ツアー公演で辻本を相手役に抜擢。そこでのつっこみのセンスにほれ込み周囲に「辻本オモロイ」とアピールしてくれた。辻本にとっても「進行してつっこめて、主役もできる」待望の役柄だった。これで一挙に吉本のNGKで主役をとり、ついに31歳で新喜劇のニューリーダー（座長）就任へ！

33歳で、TBS系の新番組「超！吉本新喜劇」で東京進出した。が、吉本から「君は大阪のにおいがキツすぎるから出せない」と言われ出演禁止に。さらに公演移動中の交通事故で、背骨圧迫骨折で3ヵ月休養した。

こんな悲運続きから抜け出すために考えたのが、「茂造じいさんキャラ」のアピールだ。

最初は山田花子のおじいちゃん役だった。お茶の水博士風のヅラをかぶり、やりたい放題の破天荒な老人で、杖で壁をたたくと階段の段差が消えて急な傾斜になり、嫌いな人間を落下させるのだ。

この瞬間、生真面目の奥に秘めていた「破壊の喜び」が爆発!!

そのフッキレた解放感が笑いを呼んだ。

そう、茂造は「心の解放区」なのだ。

（2015年8月）

リアクション芸の神と呼ばれて

出川　哲朗

出川哲朗の一世一代の晴れ姿は、横浜放送映画専門学院の「伝説の卒業式」と言える。校長の今村昌平から特別賞の表彰状をもらった時、出川は「先生、少々のお時間を下さい」と言って壇上に上がり、皆の方を向いた。丁度その日に劇団青年座の合格発表があった。「今、青年座の結果を見てきた、俺は落っこった。でも、お前たちの前に挫折感を味わっただけで、こんなことで俺は負けない」と胸を張った。「俺はこの学校出身だということを、将来有名になったら声高々と言ってやる。俺に5年の時間をくれ、頭出したる。俺に10年の時間をくれ、有名になったる。俺に20年の時間をくれ、頂点とったる。まあ見とけや」。1000人の生徒たちがみんな立ち上がって、（拍手しながら大歓声）ウォーーーー！。拍手喝さいを一身に浴びている出川を、その場にいた同級生のウッチャンナンチャンはあおぎ見た。「俺は成り上がってやる。日本一になるぜ」と出川は言った。その通り、10年後に夢を見事に実現した。

叫んだ通り、本当に日本一になった。つまり、「抱かれたくない男、日本一」だ。

そのとき、出川は「いやー、予定違ったんだけど」。ちょっと、それ、どういうこと……？

実家は横浜市の老舗海苔問屋「つた金海苔店」（1894創業）。高校3年の時、父親が相場で失敗し生活が一変。父は手広く仕事して、あちこちに愛人を作って好き放題やっていた。料理修業のため京都に行き、まず尼寺で修業することに。「尼さんとふたり暮らしと聞いて期待して行ったら、60のおばあさん。料理に興味ないし話す人もいない。気がヘンになりそうで」。休みは映画村で夕方まで撮影を見ていた。役者になりたいと思い直し、半年後、泣いて土下座して横浜に戻った。専門学校の演劇科に入学し、ここで、ウッチャンナンチャンと出会う。

ウソみたいだけど出川がリーダー的存在で、座長として「劇団SHA・LA・LA」をウンナンらと旗揚げした。が、ウンナンが先にテレビで売れ出し、バラエティの世界へ。ダウンタウンの特番で、出川は大の苦手の「ジェットコースターに乗る罰ゲーム」を受けビビりまくり。その姿が爆笑を生み、松本がウンナン内村に「この子、おもしろいから、今度貸してくれ」と言った。出川「すごく、うれしくて。ひょっとして僕がお笑いで生き残れる道はリアクション芸かもと初めて思った」。それから、スカイダイビングや爆破といった過激な企画に挑まされる日々が続く。お家芸の十八番は、相方ザリガニとのコンビ芸。ザリガニに鼻をはさまれて痛がり、最後にザリガニを離すと、まさかの鼻血がたらり。ハサミが離れず「いてて、トマトソース（血）が出てきた」。笑って舞台を去る。芸能界50周年まで鼻にザリガニをはさみ続けるのが生きがい…痛くていやなこともいっぱいあるが、やっぱ打合せでは「いや、これもっといきましょうよ」って今でも無茶言ってしまう。現場で死ねたら一番いいし、死んじゃったら…それはそれでしょうがない。誰もが嫌がるヨゴレ仕事を引き受ける心の広さが愛されている。

他人に代わって痛みを背負い、十字架にかかったあの人にそっくり。オーー、ジーザス！

人間観察バンザイ

友近

土曜の深夜に朝日放送ラジオで、友近と演歌歌手・水谷千重子がコラボする番組をやっている。水谷のコーナーは「ドンマイ千重子のよっこいしょラジオ」といい、友近の幅広い芸と本音トークが楽しめる番組だ。

友近演じる水谷千重子の演歌キャラは、ディナーショーをやればチケットが即、完売するほどの人気で、愛されている。

この演歌キャラは、友近司会のテレビ番組で共演した演歌歌手がみんな面白くて、生まれた。特に、五木ひろしが安室奈美恵の「ＴＲＹ　ＭＥ」をこぶしをたっぷりきかして歌うのに笑ってしまって、思いついた。いま五木ひろしの曲をこぶしをころころころがして、気分よくニュー演歌として歌っている。

面白い演歌歌手の筆頭は冠二郎で、会えば挨拶はいつも「ブラボー！ブラジャー！」とダジャレを連発。

川中美幸は、「友近はリズム感抜群！天は二物を与えた。私ももらったけど（笑）」

友近は若い頃、松山の道後温泉の仲居をやり沢山の人間観察をした。

その後、大阪の養成所ＮＳＣに入学しバイトで通天閣のエレベーターガールをしながら、ここでも人間いろいろを見た。

友近の得意ネタは庶民の典型になりきる一人コントで、人間観察から生まれたネタだ。

友近の姉は「幼いころからまわりの人をマネていた。またネタを突然ふってきて、2人でミニコントをしてよく遊んだ」。

友近流、男の見分け方。

男性が歩いている姿を見て、エッチがうまいかどうか分かると豪語する。

芸能界を見渡して、モノマネの布施辰徳がうまいという。

大好きな温泉宿の見分け方。

掃除の仕方で判断し、そのためシャワーのノズルまで調べるという。

マネージャーを見る目も厳しい。

マネージャーがテレビ局から届いた資料を全く見ずに渡し、友近が質問して答えられないと「マネージャー失格！」と怒る。

そんな友近の厳しい目で見ても、合格なのが今の彼氏らしい。

「大事な時にちゃんと叱ってくれる。またジーパンを脱ぐとき、手を使わず足で脱ぐ姿がかわいいと言ってくれる」。

どうやら人間観察では、彼氏の方が一枚上手のようだ。


（2014年4月）

不良から　なりあがり芸人

長原　成樹

「探偵！ナイトスクープ」のレギュラー探偵で、沖縄の調査となると喜んで担当するのが、長原成樹である。在日韓国人2世で、実家は塗装業だ。

彼の父親は、昭和10年ころに日本にやってきて、日本語がうまくなく口数が多くなかった。母親は成樹を生んですぐ入院し亡くなったので、父親に怒られてばかりいた。

少年時代にぐれて札付きの不良になり、少年院に入った。

出所してからは、吉本の養成所ＮＳＣ入学をめざすが、入学金がないため断念した。

漫才コンビ・ヤンキースを結成し、元ヤンキーの「なりあがり根性」でそこそこ活躍するが、相方の不祥事で解散。

島田紳助が監督した映画「風、スローダウン」では、主役（最初、今田耕司の予定だったが変更）を演じた。

だが、紳助監督にいっぱい怒られ、いっぱい泣いた。

7年前に脳内出血で入院し、そこで自伝の執筆を思いつく。

タイトルは『犬の首輪とコロッケと』。

その本を読んだ吉本の大崎・現社長の判断で、映画化が決定した。

自分の無鉄砲な青春がテーマだから、自分が監督するしかないと思った。

昭和が色濃く残っている大阪生野の町を舞台に、はちゃめちゃな喧嘩に明け暮れる主役セイキと仲間達。

紳助には本人役で声の出演をお願いした。（引退した紳助だが、この声役でスクリーンに復帰したのだ）

印象的だったのは、セイキの友達役のオーディションだ。

受けに来た結婚前の中村昌也（後に、矢口真理との47センチ差婚で話題に。そして離婚）が、役を取ろうと頑張る気迫だった。

長原監督に、「彼女との格差はわかっている。でも何とかして彼女と結婚したいから、頑張るしかない。すごい本気なんです」と真剣にアピールした。

その時、長原は、未熟な自分を映画の主役に抜擢してくれた紳助監督を思い浮かべた。

必死な姿に賭けようと思った。

紳助先輩の勇気に感謝をこめて……。


（2012年6月）

引きこもりを救った女将愛

なだぎ　武
（元 ザ・プラン9）

ザ・プラン9のメンバーとして、コントライブ「月刊コントHEP号」（大阪HEP　HALL）に先月末、出演したのが、なだぎ武である。

いまエステー「消臭力」の面白CMに風変りキャラで、レギュラー出演している。

小学校では活発で、父に連れられ映画をよく見た。中学に入ると一転、デブになりイジメられた。クラスのハイキングで先生が歌い出し、生徒皆で合唱したのが「山賊の歌」の替え歌で、「♪な～だぎ、は～ブタ、ブタタタ」。

弁当に砂を放り込まれたり、「水を飲め」と髪の毛をつかまれ、顔を便器の中につっこまれたりした。

高校に行く気をなくし、15歳でメッキ工場に就職。

初日に遅刻し、社長に説教された。仕事に身が入らず、わずか半年で、行くのをやめた。

その日から部屋にこもって、引きこもりの日々。寝て起きて食べて、だけの繰り返し。

母が作ったご飯を部屋の前に置き、それを食べる犬と同じ生活だった。

その頃はまったのが、ジョージ秋山の漫画「アシュラ」。天涯孤独な主人公アシュラの叫び「生まれてこないほうがよかったギャ！」。読んで、虚無感に包まれた。

母からラーメン屋のアルバイトを紹介される。

作業はすぐ覚えたが、客が来ても「いらっしゃい」の声が出せない。

包丁で指を切り、1ヵ月でやめた。また部屋にこもる日々へ。

ふがいない自分。映画の寅さんのように、ふらっと一人旅に出ようと思った。

野宿しながら、「何もできない自分がどこまで出来るか試そう」と……。

行きたい場所は、大林監督の「転校生」で男女が転がり入れ替わった尾道の階段だ。

その尾道駅近くで広島名物の牡蠣を食べ、目的地の階段に到着した。そこで、とんでもない腹痛に襲われ下痢が止まらず、ベンチで意識を失った。

すると50歳前後のおばさんが救急車を呼びなんと、病院まで付き添ってくれた。

その上、病院代まで払い、旅館に泊めてくれた。その旅館の女将さんだった。

お粥を運び「治るまでゆっくり休んで」。優しさが胸につまった。

翌日「皆と一緒に食事を」と誘われ、生まれて初めて大勢の人と食べ、明るく話した。

今まで一人だけの食事しか知らなかったのに。

笑顔のまま、大粒の涙を流した。

フーテンの寅さんの地方旅の喜びが身にしみてわかった。


（2014年6月）

※なだぎ武は、コンビ「スミス夫人」を2001年に解散。翌年「ザ・プラン9」に加入し、2015年、脱退。

おっさんを操る天才

なるみ

トゥナイトという漫才コンビを解散し、いま司会やコメンテイターで活躍しているのが、なるみである。

以前、読売テレビ「なるとも」が東京のTV局・日テレにネットされていたが、6年前に視聴率が伸びず打ち切りになった。

その後の口癖が「私の知名度は米原を越えない」。

なるみは月亭八方やほんこんなど先輩芸人から「仕事がしやすい」と評判がめっぽういい。別名、「おっさん転がし」の名人。のせるのがうまい。

その芽は小学4年の頃からあった。

小柄なのに豊満なボディに育ち、先生の見る目が変わって、応対がやさしくなった。

その頃、ソフトボール部ピッチャーで4番、運動神経抜群で美人の同級生がいて、友達になった。後の相方、しずかだ。

数年後、別の仲間が応募したダウンタウンの番組「4時ですよ～だ」の素人参加コーナーにしずかと2人で出ないといけなくなり、漫才をやったが予想以上に息があった。

そんなことから吉本の養成所NSCに入学。

バイトも一緒にしたがなぜか美人のしずかが力仕事に回され、なるみは楽な仕事に。中年社員に人気があったからだ。

高校に通いながら舞台にも出演した。

仲間のファンも多く、雨上がり決死隊が2人の「バージンを守る会」を作った。

なるみは特に、何でも話しやすい高校生として、色んな芸人から内緒の相談をうけた。

ほんこんからは「恋の相談」。

ナインティナイン岡村からは「吉本新喜劇に誘われていて、どうすべきか、という進路相談」だった。

漫才コンビ・トゥナイトで売れたが、相方しずかの「アメリカに語学留学したい」希望をかなえるために解散した。

ピンで再出発したが、最初は戸惑うことばかり。

しかしベテランをのせ、気持ちよく聞いてあげる「おっさん転がし」の技を駆使して、先輩とのコンビ司会の位置を獲得した。

おっさんを喜ばす名調教師なのだ。

桂ざこばに「ざこビッチ」というあだ名をつけたのも、なるみで、あの頑固なざこばも不満をもらさず大喜びだった。

もはや、なるみマジックだ。


（2012年4月）

きよし伝説　西川　きよし

関西でロイヤルファミリーと言えば、元吉本新喜劇女優のヘレンを妻にもつ西川きよし一家である。

父母の縁者まで含めた大家族で暮らしている。長男の忠志は俳優、長女のかの子はタレントとして活躍。きよしがいつ誰を連れて帰っても牛肉料理を満喫してもらえるように、冷凍室に牛肉がどっさり蓄えられている。

この一家が出演する西川きよし劇団が、大阪新歌舞伎座の新開場を記念して、旗揚げ公演「おとうちゃんのコロッケ」を4ヵ月前に開催。笑いあり涙ありの大阪らしい人情喜劇で、西川きよしは洋食屋の三代目主人を好演した。

きよしは3期18年つとめた参議院議員を、平成16年に引退。芸人生活に戻り、ふだんは演芸の殿堂NGKの舞台で漫談をしている。

一本気で負けず嫌いなきよしに、伝説ができつつある。

きよしの「念力の強さ」から、まず、ジャンケンで負けたことがない。そこから舞台で受けなくなると、お客さんとジャンケンを始める。お客さんへの景品もないのに……。

さらに天候も思いのまま。ゴルフで朝、雪が降っていたので、念じると晴れた。

次に「負けず嫌い伝説」。TVの生番組で、おじいちゃんが元気に三点倒立をするVTRを見て、僕も出来ると言いだし、きよしの三点倒立の姿が画面端にワイプで映し出された。

「トップ出番伝説」。楽屋で若手に「冬は寒いから少しづつ笑わせていき、お客さんの笑う態勢を作っていけ」と言っていたきよしが、トップ出番の日。後輩が注目する前で、センターに猛ダッシュし、お土産と言って逆立ちを見せ、客いじりに10分かけた。ガツガツ笑いをほしがっていた。

「カレー伝説」。長男の忠志が高校生で文化祭の時。先生から「学校の帰りに買い食いとかするなよ」と注意されていたのに、仲間みんな腹がすいてカレー屋に入った。忠志は注意したが聞いてくれず、困りぬいて父親のきよしに「僕も店に入ってカレー食べていいか」と電話した。そこで、きよしは「いいよ、みんなとカレー食べ。後で父さんが学校に謝りに行ったるから」と言って、泣きくずれた。

「幸せ伝説」。きよしが「苦労したけど家族とおいしい食卓を囲めるなんて幸せや」と泣き始めたのを見た息子が、台所のヘレンに「お父さんが幸せや、言うて泣いてるで」。すると、ヘレンも野菜を切りながら「私も幸せや」と大泣きした。

感激屋さんのきよしは、私生活でも泣き笑いの人情喜劇を演じている。

それも「一家の座長役」として。

（2011年4月）

半世紀の人生

西川　きよし

芸能生活50周年を迎え、記念公演「コメディ水戸黄門」を9月28日まで大阪のNGK（なんばグラウンド花月）で行うのが、西川きよしである。

きよしは主役の水戸光圀役。ゲストは、22日が明石家さんま、28日が妻のヘレン。

吉本新喜劇に所属している長男の俳優・西川忠志もこのライブに出演しているが、きよしは「生真面目すぎてアドリブもできない」事を心配し、舞台上で忠志に実地にアドリブ訓練している。

きよし自身、くそがつくほど真面目で、行きつけのレストランを出る時、まわりの見知らぬお客さんに腰低く「オーナーと40年来のおつきあいをさせてもらってます」とわざわざ挨拶して帰る。

最近、そのオーナーに沖縄土産をプレゼントした。

オーナーが玄関で見たのは、最高級のシャンペン1ケースまるごとだった。

実は、きよしの家族も真面目だ。

きよしは名古屋の番組の仕事中に携帯と財布を忘れたのに気づいたが、次にケンミンショーの収録が東京であり新幹線の名古屋駅に行くと、連絡もしてないのになんと妻のヘレンがいた。

忘れ物にヘレンが気づき、大阪から新幹線に乗って届けに来たのだ。

たまに浮気の虫がでることもある。

きよしがクラブのママを助手席に座らせて大阪の堺筋を走っていた所、たまたま通りかかったヘレンに見つかり、思わず助手席に「伏せろ」。

そして一方通行の大通りをあわてて逆走し、逃げた。

その日の深夜、きよしは覚悟して外から謝りの電話をかけると、ヘレンは「何のこと。知らんわよ」。そして帰宅しても、一切その話は出なかった。

だが次の日、車を見ると、中にびっしり家族写真が貼られていた。

浮気を怒らず、そのかわりに家族円満をアピールする女心のいじらしさ。

怒らない方が妻のつらさが心にひびく、まさしく「芸人の妻の鑑」と言える行動だ。

きよしは小心が目立つが、やる時はやる。政治家生活18年、テレビ収録で国会を抜けることは一切せず、「国会は休まない」が信念だった。

無所属を貫き、目の前に困っている人がいて国会質問のチャンスもない時、その案件をもってアポなしで、厚生省の大臣室へ行った。当時の大臣は小泉純一郎だった。その果敢な行動を小泉元首相は高く評価していたという。

あの有名な「電波少年のアポなし」のずっと前に、「アポなし」で人を救っていた勇気ある男こそ、西川きよしなのだ。

（2013年9月）

こんな嫁、見たことない！　すごすぎ

間　寛平

2年かけた前人未到の世界一周「アースマラソン」の次にやりたいのが、「木登り」と宣言しているのが、間寛平である。5年後に「木の上で1ヵ月生活」を計画中だ。

21歳で吉本新喜劇に入り、木村進とコンビを組んで人気が急上昇した。

24歳で最年少座長に登りつめ、3階建ての家まで買った。

ここでつい調子にのってギャンブルにはまり、先輩芸人の借金の保証人になったりして、借金地獄に。街金で借りて、最大6000万円の借金になった。

取り立て屋がなんば花月まで来て、楽屋の風呂の窓から逃げた。

このどん底時代に、同じ劇団出身の今の嫁、光代と結婚。20歳だった。

ずっと借金は内緒にしていたが隠しきれなくなり、結婚直後に嫁に告白した。3階建ての持家を売り、その金を持って、結婚したての嫁が子供を抱きかかえて返済に回ってくれた。

寛平は車の中で「あそこが金を借りたとこや、行ってきてくれ」。

当時、離婚を考えたかと聞かれて、嫁は「一度も嫌いになったことがないのに、離婚を考えるわけがありません」。

ついに借金に追いつめられ、嫁と2人の親を前に「迷惑かけられんから離婚や」と謝ると、

嫁は「今どん底やし、あんたが緒形拳位の大物になったら別れてあげる。ここで別れたら、あんたはダメな男になるから」。性根を入れ替え、返済に全力を注いだ。

その時、嫁は息子に「父さんは私たち家族のために働いてくれているのよ」。

寛平の悪口を一切言わなかった。

劇団の若返りをめざして、吉本新喜劇がメンバーのリストラを始め、寛平は仕事がなくなる絶体絶命のピンチに追いやられた。

そこで、嫁が一晩考えぬいた結論は「あんた、吉本やめて東京に行き」。

その指示通り、心機一転、東京で再スタートすると、24時間テレビのスタッフから声がかかり、24時間200キロを完走して脚光を浴びた。

東京進出わずか5年で、ついに借金を全額返済した。

世界一周のアースマラソンでは前立腺がんが見つかった。

続けるという寛平に、嫁は「あんた帰ろう。完治してからもう一回、走ったらええやん」。

嫁が世界的名医をみつけ、サンフランシスコでの14時間の大手術により生還した。

今の心境を聞かれた嫁は、「寛平さんがやりたいことを好きにやっている姿をこれからも笑顔で見ていたいです」。

寛平のやりたいことは木登り。サルに戻った寛平を笑って見守る嫁って、すごくないですか。

嫁の不屈の精神に、脱帽!!!

（2015年6月）

大阪の朝は、浜村節で始まる

浜村　淳

大阪の朝、といえばこの人、ＭＢＳラジオ「ありがとう浜村淳です」で最新の新聞ネタを語ってくれる浜村淳である。今年で38年目。

放送への長い貢献に対し昨年、放送文化基金賞を受賞した。

流麗な七五調の宣伝文句に憧れ、同志社大学を卒業後、映画の宣伝部への就職をめざすが、あえなく失敗。ロカビリーのブームが来たので、音楽ライブの司会を始めた。

内田裕也や森高茂一（森高千里の父）らの紹介をしていた。

東京の有名バンドもよく来る京都のジャズ喫茶「ベラミ」に出ていた時、渡辺プロダクション社長の渡辺晋に声をかけられた。「東京へ来ないか。ジャズやポピュラーの解説ができる司会者をさがしていたんだ」。

日劇のウェスタン・カーニバルを成功させた張本人から誘われ、喜んで受けた。

当時の大卒の初任給の５倍、「給料６万円！」に目がくらんだこともあるが。

東京では知り合いがいないので、渡辺晋の家に住むことになった。そこには名古屋でスカウトされたザ・ピーナッツがいた。都内のジャズ喫茶で司会をし、同じナベプロ所属のミッキー・カーチスとは歌謡漫才をしたこともある。

30歳になって大阪に戻るが、7年のブランクがあり、殆ど仕事がなかった。

そこでまず考えたのが関西弁で司会をすること。

場を盛り上げるために自分らしさを大切にすると、それが浜村節になった。

風当たりも強かったが、信念を貫き自分スタイルが出来上がった。

次に移籍したのが、吉本。ナベプロ以上の好条件（3倍のギャラ）だったが、寄席出演が必須とのこと。漫談をやってみたが、誰も笑わなかった。

そこに来たのが、深夜ラジオブーム。

ラジオ大阪の看板番組「バチョンといこう」に抜擢され、小鹿みきと木曜を担当した。リスナーの顔を思い浮かべながらしゃべるように心がけ、ヒット企画も生んだ。

謎の生物ツチノコ騒動だ。うちの裏庭で見たという投書まで来て、とうとうツチノコ探しのツアー企画まで飛び出した。

またこのラジオで映画「心の旅路」のストーリーを語ってすごい反響があり、彼の「映画語り」話芸が誕生した。

そして、「ありがとう浜村淳です」がスタート。浜村節が全開で始まった。

「さて、みなさん、聞いてください」。所で、本人は、このセリフを一切しゃべったことがなく、ものまねの大平サブローがねつ造したものだと証言！

謎は、深まるばかりなり……。


（2012年4月）

ファンに捨てられ、拾われた

東野 幸治

関西を牛耳っていたやしきたかじんの後継者、「ポストたかじん」と注目されているのが、東野幸治である。Wコウジの相方、今田耕司曰く「いま天下を取りに来ている」。

硬派タッチの話題の情報バラエティ番組を東西でMCとして仕切っている。すなわち西の「正義のミカタ」、東の「ワイドナショー」。朝日放送「正義のミカタ」は、ダウンタウン浜田と街をぶらぶらする番組「ごぶごぶ」を降板してまで引き受けたニュースキャスター役だ。フジTV「ワイドナショー」は、ダウンタウン松本をご意見番に本音を語る番組。東野は、絶妙なフォローや時にはきついツッコミを駆使し、自由に話せる雰囲気を作っている。

東野の「大物ゲストにキレずに発言」してもらう会話術が、さすがだ。丁寧に、ある言葉を事前に振っておくと大物がキレなくなる。その言葉とは、「むっとするでしょ、こんなことを聞いたら」。これで怒れなくなり進んで本音を言う。で、編集の時にその言葉をカットしてもらう。

東野は若い時、カメラが回っていないと極端に寡黙で存在感が薄く、感情がなかった。トミーズ雅が27時間テレビのマラソンで感動のゴールをする時、ひとり朝食をがっついていて、鶴瓶から注意されても「どうでもええんじゃ」と逆切れ。苦情の電話が、2万本来た。

これでも反省する気がなかったが、気づく時が来た。それは玲子さんとの出会いと別れだ。

女子大生の玲子さんが東野の大ファンで「毛皮を着た写真」をファンレターに同封し、金持ちそうだったからという理由で結婚した。東野24歳、当時はラジオしか仕事がなく生活が苦しかった。玲子さんは百貨店のチラシを封筒に入れる内職を始めようと、ある日、ひとり奥の部屋に入って行き、1時間後。奥から小さな声で「も〜〜う、やってられへんわ」。

ダウンタウンが東京に進出し、おかげで呼ばれるようになって生活も安定。借金をして一軒家に住み始めた。そんな矢先に妻から「感謝の言葉もなく、ダメ出しばかり。これ以上、神経質なあなたとやっていく自信がありません。別れてください」。「やっと生活できるようになって、なぜ離婚したいのか全く分からない。世の中の大体のことはお金で解決できるんだ」。「何でもお金、そんなあなたに腹が立つ。あなたは人を愛したことがない」。しぶしぶ離婚した。

ここでついに反省し、生き方を変えた。「いい奴」に生まれ変わった。バイク事故で入院していた千原ジュニアに「お笑いに帰ってほしい」と伝えるため、パペポTV最終回で紳助さんがゲストに来て〈爆笑続きのノー編集のビデオ〉を届けて「芸人引退」をやめさせた。悩んでいた山崎邦正に落語をすすめ、藤井隆にはミュージカル進出をバックアップ。救世主になった。

家族も戻ってきた。妻を心配し、俺が死んだらどうなる、と何度も話し合い復縁した。東野は「ファンと結ばれ、捨てられ、今やっと拾われた人生」。妻への感謝は限りない。生き方の勘違いを反省し、いま2回目の芸能界での再浮上を狙っている。尊敬する兄貴、ダウンタウン松本が言うように「タレントは2度、売れないといけない」から……。

食レポ　スペシャリストへの道

彦摩呂

グルメリポーターとして食べた飲食店がのべ1万店を優にこえるのが、彦摩呂である。大阪府大東市で育ち、実家は地元の大地主だったが、両親の離婚で一転、貧乏になった。

細身でイケメンだった20代はまずモデルをやり、そこから10人のアイドルグループ・幕末塾を結成して「ナイスガイ・コンテスト」で準グランプリを獲得した。

秋元康のプロデュースでCDデビューし、アイドルとしてドラマ出演したことも。

そのうち、しゃべりの仕事もやりたくなり、山田邦子司会の番組のリポーターになった。

初めての食レポは、エンゼルパイを半分に割って「うわ～、おいしそうなクリーム……見てぇ」。

おいしく見せる工夫が自然にできた。

30代後半まで数多くの食レポをしてマンネリを感じていた頃、北海道の魚市場で海鮮丼が目の前に。その新鮮な刺身をみて、ついアドリブで「うわぁ、海の宝石箱や～」！

食レポに自分らしさが出せないか悩んでいた時に、イクラがルビー、アジがサファイア、タイがオパールに思えて口走った。殻を破った瞬間だった。

彦摩呂の味言葉には、リズムと味わいがある。斬新な皿を見て「味のIT革命や～」。お好み焼から「かつお節の阿波踊りや～」。旬の皿をみて「野菜たちの6ヵ国協議や～」。料理をTVでおいしく見せる彦摩呂流コツをいくつか披露する。

料理は出てきた時からが勝負で、お皿を両サイドから手を添えるだけで美味しく見える。これを名づけて、「グルメの天使の羽」！

トンカツを食べる場合は、左から3切れ目を持ち上げる。大きくて断面の油と肉のバランスが絶妙なのだ。寿司ならつまんで傾けると照明でキラキラ光る。ラーメンではレンゲをゆっくり沈めるとスープが渦を巻きながら入ってきて、そそられる。

お店の人の気持ちを思って撮影後、「ご主人ほんまにおいしいわ」と言っていつも完食していた。当然どんどん太って、130キロの激太りに。

ほおはパンパン、あごはタプタプ。『カエルの化け物』みたいになった。

犬の散歩に行って、息が上がってハアハア言うと、犬が心配して振り向く。

タクシーに乗ると、すぐ窓が曇る。

太りすぎが心配で味どころじゃない、との視聴者の声を聞き、始めたのが「低糖質ダイエット」だ。3ヵ月で20キロの減量に成功した。

食レポは多い時で、1日10軒まわったことがある。ランキングのベスト30位を食べつくすという企画の時など、2日目から風呂上りにタオルで体ふいたら、カレー粉の匂いがした。

「うわ～、デブの特攻隊や～」。

（2016年3月）

笑いのためなら女も捨てる　久本雅美

サービス精神旺盛でNHK好感度調査で3年連続1位をとったこともあるのが、久本雅美である。大阪市平野区出身。

東京ヴォードビルショーの舞台を見て感動し、大阪の自宅から劇団に直接入団希望の電話をし続けたが、「今年は誰もとらない」の返事ばかりだった。そこで親に「東京で女優になる」と宣言して上京した。劇団に行くと「お前か、大阪弁で毎日、電話してきたのは」。さすがに有名になっていた。劇団主宰の佐藤B作が面接してくれ、「何ができるの?」の質問に、久本は「めっちゃ元気です!」。

勢いだけで合格した。風呂なしアパートの貧乏生活だったが、夢だけは大きかった。その半年前に入団していた柴田理恵に、B作が「大阪から変な女がきたぞ。お前と一生のコンビになるかもな」と見事な予言をした。

久本はこの3年後、柴田ら5人でWAHAHA本舗を結成。「笑わせるためなら下ネタだって」の方針で人気劇団をめざした。

でも当初、久本はセーラー服を着た女子高生役で「劇団の原田知世」と呼ばれ、キャラの方向性に悩んだ。

そんな時に出会ったのが、「オカルト二人羽織」のネタだ。

少女とそれに取りつこうとする悪魔を一人で演じて殻が破れ、吹っ切れた。

WAHAHA設立から2年目にフジTV深夜の「冗談画報」に抜擢され、テレビでの活躍が始まる。ここで「オカルト二人羽織」を披露し、劇団が注目され客が殺到した。

さらにタモリ司会の「今夜は最高」レギュラーになり、人気者になった。

実はWAHAHA結成は、佐藤B作への裏切りだった。

いい役をもらってたのに、相談もせず5人集まって脱退。

佐藤B作の怒りをかい、24年間会えなかった。

が、8年前にB作が胃がんで入院と聞き、お礼を言いに見舞いにいった。B作はすごく喜び話し続け、最後にポツリと「ガンになってよかった」。うれしい一言に、泣いた。

忘れられない事件がある。

ある日、好きな人が久本の舞台を見ているのに気づいた。その時、胸にトックリ、腰にオカメの面をつけてる自分が情けなくて、演技がすごく小さくなった。終わってから、号泣した。

こんな姿を恥ずかしいと思う自分を反省し、叱った。

くだらないこと万歳なのだ！

人生で、いつもオモロイ方をとってきた。結婚より笑いを。恥より下ネタを。

それこそ、笑いと言う悪魔にとりつかれた女なんだ、久本は。


（2016年2月）

浅草芸人の心意気

ビートたけし

たけしは新宿での放浪生活をやめ、浅草フランス座でエレベーターボーイを始めた。ある日、エレベーター内で深見千三郎を見て弟子入りを直訴。「何か芸ができるの」と聞かれ答えられないでいると、その場で軽快なタップを踏み「こういうのを練習しな」と弟子入りを許した。

深見はテレビに背を向け、浅草の舞台に出続けた芸人。その舞台はストリップ劇場での「幕間コント」で、多くの芸人を育てた。萩本欽一や東八郎もそうで、最後にとった弟子がたけし。だから息子のように可愛がった。深見の芸は「早口・毒舌・アドリブ」の3拍子そろった芸で、たけしが見事に受け継いだ。たけし自身も「芸人の心意気・感覚はすべて師匠から学んだ」。深見は弟子への指導は厳しいが、面倒はよく見た。古臭い師弟関係が嫌いで、「てめえだけ美味いもの食って、弟子を外で待たせておくような師匠連中は田舎者だ」といい、弟子と同じ店で同じものを食べた。さらに「芸人は粋であれ」が信条で、「靴はピカピカにしておけ」。

その頃フランス座は経営難で、背広ひとつで稼げる漫才に魅力を感じたたけしは「漫才がしたい」と師匠に申し出て、激怒し破門された。漫才ブームをへてテレビで売れっ子になり、たけしが師匠を訪ねたら「何しに来やがったバカ野郎、ラーメンでも食うか?」と喜んで迎えてくれ破門を解いた。日本放送演芸大賞の賞金を「小遣いだ」と言って全額師匠に渡したら、飲み屋で「タケがよ、生意気に小遣いだってよ」とうれしそうに語った、1ヵ月後。深見のアパートがタバコの火の不始末から火災発生。深見は泥酔して寝ていて焼死した。59歳だった。

たけしは楽屋で師匠の訃報を聞き、絶句したあと壁に向かい、うつむきながらタップを踏み始めた。弟子入りした時の師匠のように。葬儀後、高田文夫に「バカだよな。死んだら人が焼いてくれるのに、自分で焼いちめぇやんの」と師匠譲りの毒まじりの一言を吐いた。

一方、たけしの母さきが死んだ時は通夜の席で、たけしが「俺を生んで良かったと思ってほしい」と泣き崩れた。さきは13歳の時に家が破産し女中奉公に。ペンキ屋の北野菊次郎と出会って結婚するが大酒飲みで貧乏。子供たちには「とにかく勉強して貧乏から抜け出せ」。たけしは成績優秀で明治大学工学部機械工学科に進学したが5月病にかかり、新宿で風来坊暮らし。そんな息子に怒り嘆く母に反発したたけしは芸人をめざし、ひとり浅草へ向かった……。

浅草は芸人のふる里。深見師匠がたけしにしたように浅草芸人の心意気は受け継がれていく。

たけしは売れない頃、ポール牧に公私ともにすごく世話になった。たけしが売れて立場が逆転すると、たけしは「ばかやろう！ お前はポール牧か」と名前を叫んでアピール。それもあってポール牧がテレビに復活し、恩返しができた。テレビ共演の後、飲み会でたけしがお金を払おうとすると、「それはまだ10年早いよ」と言って、ポール牧は二人分払い、たけしをタクシーに乗せた。そのタクシーの中でたけしが作ったのが、名曲「浅草キッド」だ。

♪お前と会った仲見世の　煮込みしかないくじら屋で　夢を語ったチューハイの……♪

芸能界に向かない人見知り

ヒロシ

前向きな言葉を集めた日めくりカレンダーがヒットしている中、それと真逆の思いで作ったカレンダー「まいにち、ネガティブ。」を出したのが、ピン芸人ヒロシである。

その中から、言葉をひとつ取り上げると『どん底にも安住の地』。

熊本出身で、初め「ベイビーズ」のコンビ名で、女性の悪口みたいな攻撃的なことをいうキレ芸の漫才をやっていたが売れず、5年で解散した。

三鷹でホスト（源氏名は「牙神剣」）をするがお酒が飲めず人見知りでテンションが低い。客をとろうとオカマキャラになるが指名が入らなかった。日曜にバイトして生活費を稼いだ。

そこでお笑い界に戻り、このみじめな体験をグチるピン芸をやりだした。

自虐芸の誕生だ。

「待ち合わせをすると相手の女性は必ず風邪をひく」などの実体験を素直に語ったのが、「ヒロシです」ネタ。

根が極度の小心で、目を伏せて語るのは、客の目を見ると緊張するから。

ポケットに手を入れているのも、実は手の震えを隠すためだ。

脚光を浴び、ピーク時は年間出演本数230本、ネタ本が50万部で、車は白いジャガー。

実は最高月収400万円とウソをついていたが、本当は4000万円だった。

しかし6年後転落し、仕事ゼロになった。

人見知りなのに芸能界に入ったのが失敗だった。

ブレイクした時、天狗ではなく、生き地獄だった。収録の前日は眠れないし、テレビ局に近づくと震える。収録中は意識もうろうとしていた。

また口下手でスタッフとうまく話せず、スタッフから「楽屋は個室で、ひな壇に座らない。ヒロシは面倒くさい奴だ。」と誤解された。

当然仕事が減り、ブレイクから3年後、事務所に「もうテレビに出ない」宣言をした。

「一発屋」と呼ばれてからは面白いことを言っても全部カットされた。

最高月収と最低月収を言ったシーンがオンエアされ、「やっぱり落ち目の芸人は面白くないね」がオチ。

こんな憂き目を見た男がたどりついた境地が、『どん底にも安住の地』だ。

地獄でも何とかほどほどに生きられるよ、のメッセージ。

かみしめると深い真実の味がする。

最近、カラオケ喫茶を中野坂上に開店した。

そこで「ヒロシです」ネタを死ぬまでやり続ける覚悟を決めた。

誰にも口出しさせず、自由気ままに。


（2015年11月）

憎まれ口をたたく仲

ほっしゃん。（星田英利）

朝ドラ「カーネーション」で演技力が認められ、俳優としてのっているのが、ほっしゃん。である。

ブログでは、3年前まで大好きなリスザルなど動物の写真が多かったが、最近は3歳の息子の写真に様変わりした。

ちなみに、息子を「ちびっしゃん。」と呼んでいる。

瓜二つ、と言っていいほど母親似だ。

宮川大輔とコンビ「チュパチャップス」を組んでいたが、天然素材の活動を休止してから、コンビ解散した。

仕事がなく、どん底の生活をしたが、第3回R‐1ぐらんぷりで涙の優勝をし、再ブレイクできた。

NHK「カーネーション」では、尾野真千子演ずる主役の糸子に失恋する北村役。

婦人服の工場を立ち上げる実業家で、そこで糸子と出会い憎まれ口をたたきあいながらも好きになる。

初対面のシーンはお酒の飲み比べだった。

脚本家の渡辺あやは「初めて彼が出てきた時は奇跡だと思った。彼の芝居があまりにも素晴らしくて、糸子と北村の掛け合いをもっと見たいぞと。で、糸子が夏木さんに代わる時、彼より魅力的な北村役の俳優が思い浮かばず、死んでもらったの」。

実はTVの中だけじゃなく、『ツイッター』上で2人の生な言い争いが繰り広げられ、注目を浴びた。

（尾野）おい、じゃがいも！無視か

（ほっしゃん。）里芋、ジャガイモの方がつぶれたら美味いやんけ、ポテサラ考えろや

（尾野）里芋たいたん、つぶしてみ、美味いで……。

生身の2人が漫才のように掛け合い、興味を盛り上げる斬新な仕組みが誕生した。

いまBSドラマ「恋愛検定」では、やる気がなく愚痴ばかりいう奇妙な「恋愛の神様」を演じている。

恋愛下手な人の前に現れ、優しく導くラブコメディーだ。

ところで、ほっしゃん。の有名な話として、はるな愛に本気で「結婚してくれ」と8年前、プロポーズした。

ニューハーフと見抜く眼力さえも、その頃は持ち合わせていなかったのだ。

（2012年6月）

マツコ　バカ売れ説

マツコ・デラックス

スリーサイズ（BWH）すべて140センチの破壊力抜群の風体と痛快な毒舌で、今や「視聴率女王」と呼ばれるのが、マツコ・デラックスである。本名、松井貴博。千葉市出身。

デブで女装の毒舌家、マツコは過去の自分を包み隠さず、赤裸々に語っている。小学校の頃からセクシャルマイノリティだった。高校時代は木村拓哉と同級生で、高校を卒業して美容師見習いからゲイ雑誌バディの編集者に転身。松風というビジネスネームで雑誌編集者として活動した後、千葉の実家に戻り2年間におよぶ引きこもり生活を送った。心の内の悲鳴は、「ゲイとしての幸せなんていらないから神様、アタシにたらふく飯を食わせて、日の目を見させて」。

うつ病だったマツコを救ったのが中村うさぎ。自身の対談集「人生張ってます─無頼な女たちと語る」の相手に指名し、マツコを「魂の双子」と呼びたくなるほど自分とそっくりと感じた。逆にマツコも今の自分のままでいいと認めてくれ、社会復帰できた。さらに「書くべき人間だ」と言われて、コラムまで書き始めた。一度とことんまで落ち込んで悔しさや苦労を知った分、深みあるコメントが書け、弱者に優しく向き合えた。

あと気になるのは、母のこと。アタシを生んだってだけで、母までが指をさされ笑われるのは許せない。また、いまだに自分がどんな人間か母に話したことがなくて、母には隠すしかないと思った。当時、テレビ出演を避けたのは、何千万人の前では平気でも、母にだけは醜態を見られたくなかったから。ただ同性愛者についてのコメントがほしいと求められて、情報番組「サンデージャポン」には出演した。でも、母に見られるのではないかという恐怖に震えながらでの出演だった。結果的に、「女装したゲイ」の化け物っぷりが強調されただけで大失敗。

母が住む千葉のTVには映らないから安心、ということで東京ローカルの「5時に夢中!」にレギュラー出演し始めた。口が悪いが好感が持てて面白いと、すぐに話題になった。

そんな頃、腰を痛めて歩けなくなった母から初めてマツコのテレビを見ているという内容の手紙をもらった。最後には「今日も5時の生放送を見ます」で締められていた。母には見られないと思っていた東京MX「5時に夢中!」を……「チ○コ吸いたい」だの「ウンコもらした」だの言ってた……見るという。マツコは、思わず大笑いした。「一人息子が女装でゲイ」を知らない母が放送を見て、何も怒っていない。孤独ではない自分を見つめなおし、泣いた。

今や、バラエティに引っ張りだこだ。マツコの人柄と愛ある言葉に人気が集まっている。マツコは実感したそのままを言うので、その発言が信頼され、よく売れる。セブンイレブン特集では、美味しいと言ったサンドイッチがすぐ売り切れ、「金のハンバーグ」は放送後に売り上げが3・8倍に。「マツコバカ売れ説」が正しいことを立証した。本物を見抜く目がすごく、ニセモノを見破る目はそれ以上だ。芸能界の整形事情について、バカでかい目だったら疑え。見分け方は「目頭の粘膜が見えてる奴」ですぐわかる。あの子もやってるよーと叫びたくなる!

母になれた喜び

松嶋　尚美
（元　オセロ）

昨年末に40歳で男の子を出産し、いま母として頑張っているのが、オセロ松嶋である。

4年前に結婚した夫はいまミュージシャンだが、もともと同じ松竹芸能所属のお笑い芸人「のイズ」のボケ担当、ヒサダ・トシヒロ。

10年間、彼のことを思い続け、「芸人としてすごく面白かったし、ミュージシャンになったらカッコいい曲を作って才能あるし、憧れの人」だった。

昨年12月に長男が誕生し、珠丸（じゅまる、愛称ジュマ）と名づける。

実は予定より10日も早く、焼肉屋で食事している時に陣痛が来た。

夜中に病院に行くと医師から「よく耐えましたね。子宮口7センチ開いてます」と言われ、そのまま自然分娩で出産した。

麻酔を使う無痛分娩の予定だったがかなわず、とにかく痛かった。

でも、近くで羊水の掃除をされている息子を見て、いとおしく感じた。

大きな泣き声を聞いて、たくましく思った。

出産して最初に見舞いに来てくれたのは、番組「きらきらアフロ」で共演している笑福亭鶴瓶だった。まさかの偶然で、松嶋が「赤ちゃん、生まれたよ」のメールをしたら、タクシーに乗った鶴瓶がその病院前を走っていたとか……。

自身のブログに瞳がくっきり大きい息子の写真をのせ、育児の様子を書きこむ。

大きくなったら見せられる成長日記にするつもりでいるのだ。

このブログに、出産して4ヵ月目、占い師から解放された相方中島の報告を掲載した。

会話が無くなっていたことや奪還作戦について中島の家族から連絡をもらっていたこと、オセロを続けたいことなどを語った。

7月末に息子が母乳を卒業し、それをきっかけにダイエットを始めた。

TKO木本ら仲間といっしょに食事制限でダイエットし、6キロ体重を落とした。

夜は、わかめや豆腐など離乳食で残ったカロリー少なめなものを、チワワが食べる量くらいだけ食べて……。

母親になって気づいたのは、「一日中消毒ばかりしている」こと。

哺乳瓶やおしゃぶりをずっと消毒している毎日らしい。

でも、くれぐれも、松嶋らしい思い込み激しい尖った発言は消さないように!!

少しばかりの毒入り発言が楽しみなのだから……。


（2012年11月）

生き返ったものまねランナー

松村　邦洋

「山口出身の長州人だが体はチャーシュー」と挨拶するのが、ものまねの松村邦洋である。山口の実家の近くに佐藤元総理の家があり、幼稚園の頃、頭をなでてもらったことがある。父の影響でタイガースファン。高校の軟式野球部でキャッチャーをして、1試合で「27盗塁」を許したほどの弱い肩だった。「デブはキャッチャー」という偏見から、キャッチャーをまかされて大失態してしまった。

高校から地元山口のTVやラジオでものまねを披露。上京して「太田プロ」からデビューし、「ものまね王座決定戦」で掛布やビートたけしの芸で人気者になった。

ものまねしたいとなるとドラマや映画の名場面を完全コピーして徹底的に練習する。その情熱は相手への尊敬の気持ちから生まれる。

だから、お中元お歳暮は欠かさない。

ものまねしていた堺雅人（ドラマ「半沢直樹」のセリフ）とフジテレビの廊下でばったり鉢合わせした。堺から「ものまねではセリフが多くてご迷惑をおかけしてます」と丁寧な挨拶をされた。そこで女優の菅野美穂と結婚した時、お祝いに小さな花を贈った。するとお返しに堺から大量の宮崎牛が届いて、まさに「倍返し」された。

たけしのものまねの「ダンカンばかやろー」は松村による創作で、たけしが「あれ、どうやってやるんだ?」と聞きに来た。バイク事故を起こした時のたけしの顔まねに、「表情のつくり方が左右、逆だ」と指導してくれた。

体重の変動が大きく、ピーク時に141キロあった体重が、110キロ台に。

「人間の域を超えたデブが、ふつうの人間のデブに戻っただけ」と妙な謙遜をしている。

ホンジャマカ石塚や内山らと「デブの健康組合」を作ったが、松村だけ10キロも太った。

「そのままだと死ぬよ」と皆に言われた。

そこでさすがにダイエットを決断した。ウェイトトレーニングに食事制限。

極めつけは、話題の女性誌「CanCam」ダイエット。

その雑誌を読みながら公園を歩き、疲れるとそこにのっている写真の押切もえちゃんやエビちゃんが「松っちゃん、がんばって」と励ましてくれる。

そんな妄想ダイエットで、体重が大幅減に!

マラソンを始め、迎えた7年前の「東京マラソン」。

15キロ地点手前で急に足をとめ、泡を吹いて路上に倒れた。呼びかけても反応はなし。医師らが駆けつけ、心肺停止状態を確認。電気ショックの緊急処置で、やっと呼吸を回復した。

「自分の不注意で、三途の川を渡りましたが、何とか帰ってこれました」と生還のコメント。

体重のリバウンドもよくあり、『戻る』のは松村の一番の得意技である。

(2016年7月)

マイブームは死ぬまでのヒマつぶし

みうら　じゅん

思いつきの企画を面白おかしく見せてブームにする「一人電通」をしているのが、みうらじゅんである。何をしているか聞かれて肩書は「イラストレーターなど」と答えるが、その「など」の仕事の方が圧倒的に多く、「など」の人、と自称している。

小学4年の時、京都東寺の立体曼荼羅、仏像群を見て「怪獣みたいでかっこいい」と感動し仏像ファンになった。住職になりたくて仏教系の中学を受験。面接で仏像トークをし、「君のような人を待っていた」と校長から感動トークをいただいた。が、その後エロに走る。美大生の時、漫画雑誌「ガロ」でデビュー。エロからガロへ。一時、化粧に凝り女装バンドを結成した。17年後、自作の「マイブーム」が新語流行語大賞に選ばれた。

みうらの人生観は「人生は死ぬまでのヒマつぶし」。生まれたら、余生が始まる。その余生を楽しくするのが、「マイブーム」なのだ。日々やっていることは「無い仕事を考える」こと。

つまり無に興味がある。ある日、駐車場の「空あり」の文字を見てピンと来た。空は無であり、「無いが有る」は般若心経の神髄だ。そこで実行したのが「アウトドア般若心経」。街にある看板の文字を撮影し、般若心経278文字を集めて本にした。これぞ、ニュー写経だ。

目指す生き方は「キープ・オン・バカ」。いつもバカであれ。

「人生やり直そう」と思ったら「下出家《したしゅっけ》」する。下の毛をそるのだが、みうらが一度下出家したら、さらに濃いものがはえてきた。なんておバカか！

教育とは、男にとって、オッパイ以外のことを考える修行である。

自分の考えなんて「鼻くそだ」と思うために、「自分なくしの旅」に出る。

辛いことでも、何でも「プレイ」をつけるとポップでかっこよくみえる。

「親孝行プレイ」とか……。

ネーミングで「世の中なおし」ができる。暴走族をなくすなら、「おならプープー族」と新聞で表記すればいい。

「おもしろさ」って、自分の思い込み次第。のめりこめばいいだけだ。

「おもしろくない」という感想は、受け身だから出る考えにすぎない。

「できない」ということが、どれだけ「地球にやさしい」ことか。「できる」と勘違いしてチャレンジし、いろんなものを作りCO_2を排出し、地球を汚しているのだ。

いまの趣味は、街のシンスを集めること。「以来」のｓｉｎｃｅで、どんな気持ちで使ってるのか興味がある。ちなみに今の「マルチなみうら」が誕生したのは小学4年の時。つまり、みうらじゅん ｓｉｎｃｅ １９６７。なんか洒落たセレクトショップみたい……。


（２０１５年12月）

苦節40年、演歌の道は厳しくて

水谷　千重子

演歌歌手として40周年を迎え、それを記念してシングル曲「人生かぞえ歌」をリリースしたのが、水谷千重子である。

そのキャンペーンも兼ねて、日本全国6都市を縦断する40周年記念リサイタルツアーを敢行した。

舞台で一番盛り上がるのが「越後前舞踊」。両親が福井県で豆腐屋をしていたこともあって、「千重子と踊ろう会」の皆様とともに、全員で焼き豆腐を持って、踊り狂うのだ。

出し物では夢恋芝居「ゲノゲの女房」も演じられ、山田まりや、中村繁之が全公演に出演。応援ゲストとして多彩な友人も登場した。

こんな華々しい活躍の裏には、水谷千重子苦節40年の歴史があった。

5歳の頃から子役として活動をスタート。1970年に「歌まね生一本」でグランドチャンピオンになり、その時審査委員長だった二葉菖仁にスカウトされ、二葉一門に入った。

翌年、豆腐屋を営む家族と上京し、「万博ササニシキ」でついに歌手デビューした。

これまで、シングル39曲を発売。

そのうち、大半がカバー曲で36曲もあり、ついたあだ名が「カバソン演歌歌手」だ。

今、いきものがかりの「ありがとう」のカバー曲に力を入れている。

自宅で4匹の犬と暮らし、いまだ未婚だ。

犬に「私に幸せはないのかしら？　昔はモテてしょうがなかったのに」と愚痴っている。

この水谷千重子はご存知、友近の別キャラ。朝日放送の深夜テレビ「ザッツ・エンカ・テイメント」で司会をするキャラとして友近が開発し、ピン芸のR－1ぐらんぷりにも出場した。

水谷の立場から、友人友近の恋の話をよくする。

「今の彼、すごく好きだワ〜っと言って幸せそう。幸せな結婚がしたいと言っている」。

きっと別キャラだから話しやすいんだろう。

キャサリンとして、なだぎ（ディラン）との恋を告白したように。

この8月31日、渋谷公会堂で40周年の豪華特別フィナーレとして、千重子大感謝祭を開く。

応援ゲスト総出演なので、乞うご期待!!

事務所のお家騒動でもめている小林幸子に関連し、紅白歌合戦について聞かれると、水谷「一枠空くかも。私はテレビ東京の『にっぽんの歌』と紅白のはしごが実現出来たら」と大きな夢を語ったが、思わぬ伏兵・派手な衣装のきゃりーぱみゅぱみゅが現れた。

ぱみゅぱみゅ曰く、「誰も見たことがない衣装を作りたい。年末あけておきます」。

うかうかできないぞ、水谷。

衣装戦争が勃発だ！


（2012年7月）

内場勝則との波乱万丈

未知　やすえ

吉本新喜劇の女優をしながら、ワイドショー番組のコメンテイターもやっているのが未知やすえである。中学の頃、山口百恵など中三トリオに人気が集まり、アイドル歌手になりたくてオーディションを受けるが全部落選。その頃、吉本がアイドル募集をしていて合格した。

花月の舞台でバックダンサーをしていたが、吉本がアイドル育成を中止。漫才をすすめられ、素人名人会で名人賞をとり、高校生コンビとして注目される。

高校卒業後、プロの漫才師になるが、途端に受けなくなった。ダウンタウンなど吉本NSC一期生に人気が集まり、結成から5年目の21歳で解散。

吉本に解散を言いにいくと「やすえはアホやから、残ったらいいよ」と、くさしながらほめる吉本の社員らしい返事がかえってきた。

すぐ新喜劇の稽古に呼ばれ、初舞台は、寛平が「こんな女いややや」と言う三枚目の見合い相手の役だった。

当時、新喜劇人気が下火になり「やめよッカナ!? キャンペーン」が始まる。座員の多くがクビ宣告を受け、新喜劇激動の時代だった。やすえは「男女漫才が少ないので、3年後輩の内場とコンビ組め」と言われたが断わると、内場と同じく新喜劇の一番若手として残った。

そこに6年後輩の今田と東野が心斎橋筋2丁目劇場から新座長としてやって来た。芝居がわかってきた時期によそから新喜劇と無縁の後輩が来て、その下につくのは屈辱だった。

そのうち内場が出演中に倒れ入院。見舞いに行き身の回りの世話をしたら、点滴をして弱りきった内場が感動の涙を流した。やすえが天使に見え、交際を始めた。

1年つきあって結婚し、その3ヵ月後には離婚の危機が……。

内場はツッコミとボケ両方できる実力派だが、私生活では困り者の「しゃべらない。笑わない。帰らない」の3ナイ。ずっと本を読んでる孤独好き。新婚らしい仲睦まじい時間がなく、やすえはノイローゼ気味になった。3年目には我慢の糸が切れ、実家に戻って別居。

ある日、舞台衣装を取りに家に帰ると、酔った内場が帰宅した。

翌朝、阪神大震災が！

大きく揺れて「オレが守ったる」。はじめてキュンときた。

よりを戻し、娘が誕生して、2人の絆は深まった。

でも、やすえには忘れられない思い出がある。

冬の寒い日の夜に、やすえが「手をつなぎたい」と言ったら、内場は両手をポケットにつっこんだ。悲しくて泣きとおした。舞台では「達者なツッコミ」ができる内場。なのに、ふだん妻に「ツッコまない」男が、この時、両手をポケットに「つっこんで」妻の願い事を拒絶するって、ツッコミ所が違うよね……。内場さん！

（2015年9月）

助けられた人生

宮川　大輔

浅草を舞台にした日本テレビ系ドラマ「お助け屋☆陣八」で初めて主演しているのが、宮川大輔である。

弱きを助け悪をこらしめる裏稼業を引き継ぎ、人助けに奔走する人力車の車夫役だ。法被姿で、「お祭り男」の彼にぴったりのはまり役といえる。

番組のヒットを願って書きぞめした言葉が「一生懸命」。

これは、祖父が大事にした信条だった。

祖父は一代で財を築いた。

金沢に生まれ、京都で丁稚奉公して仕事を覚えた。戦後、女性のファッションへの興味が高まると見て、新素材ナイロンを扱う問屋を始め大成功した。

しかし、59歳で脳卒中で倒れ右半身不随に。

大輔の父に重責がまわってきたが、不幸にも従業員のたき火が原因で火事になり、店が焼失。

父は店を再興しようと奮闘したが外国製品におされ、やむなく喫茶店を始める。

が、借金がたまるばかりで、自宅を売り払い郊外に引っ越した。

そして、タクシーの運転手を始めた。今は大輔の活躍を楽しみにしている。

大輔も浮き沈みが大きかった。

演技がしたくて、父の友人・アナウンサーの桑原征平の助言を得て、吉本の養成所NSCに入学した。

コントユニット吉本印天然素材の人気が下火になり、コンビの相方ほっしゃん。に、一度ジャンル違いの演劇にチャレンジしたいと言って解散した。

芝居のオーディションに落ち続けるが、俳優兼演出家の今井雅之に「熱いやる気」を認められ、舞台「ザ・ウィンズ・オブ・ゴット」の出演が決定した。

そして吉本から新宿のルミネ新喜劇に誘われるが、芸人を続ける相方を思って断る。が、ほっしゃん。から「俺のこと気にすんな。やっていいよ」という優しい言葉をもらって、新喜劇の舞台へ立った。

実際、まわりのいろんな人に救われた「助けられ屋」のなのだ。

でも以前、借金がたまってタクシー運転手を始めた父に感謝の気持ちから、クラウンをプレゼントした。

ここぞという時は、助けるのだ。

ドラマだけでなく、こんな「お助け人生」を送れば、また宮川家に運が巡ってくるだろう。

（2013年3月）

「お祭り女」に支えられた日々

宮川　大輔

番組「世界の果てまでイッテQ！」の企画で過酷な祭りであろうと体を張って真剣に挑戦し、「お祭り男」として人気なのが、宮川大輔である。

京都の裕福な家に生まれるが、大輔誕生の4ヵ月後に会社が大火事になり、倒産した。父は自宅を売って、タクシー運転手に転身した。

大輔は役者志望だったが、運よく「吉本印天然素材」のメンバーに抜擢された。が、アイドル的な売り出し方ですぐ人気が下火に。コンビ解散し、役者を目指すが収入は激減した。

再浮上のきっかけはダウンタウン松本だった。沖縄旅行に初めて連れて行ってもらい、「オモロイ話をしないと」と緊張したが、大笑いがとれたのだ。

スーパーに行く途中、貧血で倒れそうな女性とエレベーターで乗り合わせ介抱した一部始終を、大げさな擬音（ジュリ〜〜ンなど）と身振りを使って話したら、松本が大爆笑した。

それが縁で「すべらない話」に呼ばれ、「猫がひかれそうになった話（食事の途中）」をしゃべって爆笑に！　臨場感を出そうと、やはり擬音を多用して受けた。

ついたあだ名が「擬音師匠」。

売れない頃に結婚した。

出会いは、嫁のマーコが働いていたクラブだ。つきあい始めて旅行に行き、後日、寝ている大輔にキスするマーコの動画が見つかって、愛情が芽ばえた。

貯金する余裕もでてきた結婚13年目に、お互いの家族を連れてハワイにいった。

仕事のない芸人に娘を嫁がせた両親へ感謝するため、内緒で結婚式の準備をした。

「明日、アロハシャツ着て集合な」と言って、チャペルで結婚式を挙行。

家族みんな、「こんなに泣けるか」という位、涙、涙の結婚式だった。

この後すぐに妊娠。しかし8ヵ月目に突然の破水があり、生まれるまでずっと入院した。

不安だったが、嫁は入院した日、「一回だけ泣いていい?」と聞き、うなずくと「うわーっ」と大泣きした。

それから一度も泣かず、元気な男の子を生んだ。

思い返すと、仕事がない頃は、嫁が働き大輔がバイトの日々。

ずっと支えてくれた。

「人志松本のすべらない話」収録の日は、一発笑かそうと思いすぎてソワソワ。

その緊張をほぐそうと、嫁は玄関で「フレーフレー!大ちゃん」と大声をあげ、なんとパンツ一丁、上半身裸でエールを送ってくれた。

これぞ大輔の嫁!!

マーコこそ、世界一の「お祭り女」だ。


（2016年1月）

人生のどんでん返し

村上ショージ

ここ最近、35周年ライブを行い、映画「カラスの親指」で重要な役を演じたのが、村上ショージである。

これまで笑いがうまく取れないすべり芸を看板にしていた芸人らしく、失敗続きだった。

ドラえもんの声優オーディションでは「ぼくドラえもんでっせ」という関西弁のセリフで笑われて不採用になった。

ギャグが失笑をかい、アメトークの「徹子の部屋芸人」に選ばれた。

4年前の独演会では、自信をなくして当日に出演キャンセルしてしまった。

3年前のライブ「ギャグ図鑑」では、「ドゥーン」を越える新ギャグを作ると大見栄をきったが、受けずに不発!!

撃沈した。

そんなこんなを深く反省し、1ヵ月半前に35周年記念ライブを開催した。

ショージ曰く「お酒を飲みながら、自分のこれまでを考えた。築き上げたものは何か。で、何もないことに気づいた。今こそ、何か残さないと」。

そこから、35周年ライブのタイトルができあがった。「『振り返れば何もなかった』～あー20

年前もうちょっと頑張っといたらよかった記念ライブ〜」。

この崖っぷちライブで誕生した新作ギャグは、腕をギュッとひねりながら「絞りだしたけど、何も出ない僕！」というもの。

また、すべった。

先月公開の映画「カラスの親指」では、プロの詐欺師役・阿部寛となりゆきでコンビを組む新米詐欺師を演じた。監督からの出演オファーに「大役をいただき、ありがとう……というか、すみません。どうなるか知らんで」と最初は戸惑うばかり。

台本が覚えられず、ずっと助監督とセリフ合わせばかりしていた。

しかし、ほどよく力を抜いた演技で、生まれついての「人の良さ」を発散。

どんでん返しのあるストーリーに温かい人間味を加えた。

原作者の道尾秀介も「泣いて笑った。感動した」。

何も残せなかった35年だったが、ショージ本来の人柄で、ついに人の心をうつことに成功した。ギャグなしで、感動を残した。

失敗続きの人生のどんでん返しをこの映画でかなえたショージの発言「もう芸能界を引退してもいい」には、幸福感があふれている。

（２０１２年12月）

走って走って、ついにブレイクの予感

森脇　健児

売れなくても「走り続ければ、いつか仕事はやってくる」と信じて走っているのが森脇健児である。オセロ中島が女性占い師による洗脳騒動で休んだ時、送ったコメントが「中島、走ったら治るわ」。

京都の陸上では有名な洛南高校「森脇3兄弟」の次男で、インターハイ短距離走で高校記録を出した。

桃山学院大学在学中に、読売テレビの夕方5時からの帯番組「ざまぁKANKAN!」に山田雅人と出演し、ダウンタウンの帯番組「4時ですよ〜だ」と人気を競った。東京進出もダウンタウンと同時期で、新人だったSMAP出演のアイドル番組「桜っ子クラブ」では司会をやり、期待の星だった。が、数年で仕事がなくなり、関西に戻る。貯金をくずす生活から食事が質素になり、すご〜く健康になった。そこで、マラソンを走り始めた。

TBS「オールスター感謝祭」の赤坂ミニマラソンでは初出場で優勝し、それから毎回、遺書を書いている。毎回、死ぬ気で走っているのだ。

赤坂の心臓破りの坂に似た場所が京都でみつかり、マラソンの練習のため、そこに家を買った。でも悲しいかな、その後、TBS感謝祭で走るコースが変わった。

口癖は「陸上競技は心の格闘技や」。で、森脇は小学3年生と公園でマラソン対決をして、2周差の大差をつけて勝った。大人げない……。

森脇のモノマネをよくする安田大サーカスの団長が心底ほれたのは、熱い所だ。

バラエティのコツを聞いたら、森脇「バラエティでこうやってジャブ打つやろ。3ラウンドまで効かへんけど、6ラウンドくらいから効いてくるねん」。

最近久しぶりの全国ネットの番組、SMAP中居の「ナカイの窓」に呼ばれ、勘違いなキャラで目立った。ハマッたものとして、はんにゃ金田が「ももクロ」を話そうとするのに、森脇が70年代に活躍した皆が知らない「資生堂バスボンガールの松本ちえこ」を一方的に語り、ひとり浮いていた。

20年ぶりに共演した中居は、その場違いなトークに「ちょっと黙ってほしい」と注意する始末。でも別の時に、中居は「SMAPはすごいお世話になりました。お昼の生放送『桜っ子クラブ』で芸の先輩として、笑いや司会に対する姿勢について、ちょこっと教えてもらったのは忘れませんね」と感謝の言葉を送った。森脇の再浮上をサポートする中居。森脇はドヤ顔で聞いていた。次に森脇軍団の後輩が感謝の手紙を読みあげると、大量の鼻水をタレ流して大泣きした。中居は大笑いしていた。

2人の泣き笑いから、『20年の歳月』が持つ意味の重さを知った。

（2014年3月）

青春の味ハンバーガー

やしき たかじん

普段はだみ声なのにステージでは甘くメロウな歌声で大阪のおばちゃんを陶酔させるのがやしきたかじんである。

関西では人気の冠番組を持ち、視聴率男と呼ばれる。

先月、食道がんの治療で活動を休止した。

若い頃は正義感に燃え、歌手より新聞記者になりたかった。

桃山学院高校では新聞部の部長として活躍。

が、商売人の父親は新聞記者志望に大反対だった。

時間が不規則な記者をやくざな仕事と思い込み、「家を出ていけ!」。

この一言に反発して大阪の実家を飛び出し、京都の友達の下宿に転がり込んだ。

中華料理の皿洗いのバイトの次にしたのが、ハンバーガーショップで歌うことだった。

オーナーの佐々木さんはエール大学に留学経験があり、京都で最初にハンバーガー店をオープン。夜歌える人をさがしていた。

太っ腹な人で「ハンバーガーはいくらでも食べてええよ」。

ジューシーな肉質で調子に乗って毎日食べ、数ヵ月で10キロ太った。

社長や歌舞伎俳優など客筋もよく、藤山寛美には1万円のチップをもらったこともある。

肝心の歌だが、当時、歌えるのが奇抜な歌詞（神経は三角形になって　とがっているよ　ピアノ……）の自作曲「夜のピアノ」だけで、急きょ覚えた2曲のうち1曲が「雪が降る」。真夏でも「雪が降る」をたびたび歌ったが、佐々木さんは怒らず聞いてくれた。

こんな経験をふりだしに18歳から30歳までの12年間、祇園で弾き語り生活を過ごした。

最初の妻と出会ったのもこの店だった。

その妻は娘を生み、苦労ばかりして亡くなった。

その思い出から出来た歌が、「あんた」だ。

家出をして20年後の平成初頭（今から約20年前）、売れっ子歌手として、佐々木さんをコンサートに招待し、フィナーレで「あんた」を涙ながらに歌った。

前妻と佐々木さんへの思いが極まって……。

歌詞は、元妻がたかじんに夢を託す内容だ。

『うちのことはええからね／どうせ命は預けたんやから／だからハンパな夢じゃあかんよ／帰らんつもりでゆけ』

私も「あんた」を聞きながら、たかじんの元気な復活を祈りたい。


（2012年3月）

小心な豪傑

やしき たかじん

いま活動休止中のやしきたかじんは歌とお笑い（上方お笑い大賞）、両方のジャンルで受賞経験がある日本でかなり珍しい芸能人である。

歩んできた人生が複雑で、多面的な顔をもつ。

コンサートでは多くの時間をトークに使い、大ネタになれば、それだけで40分ぶっ続けでしゃべる。

徳島のコンサートでは、冗談で「とっておきの話をするからトイレに行くなら歌の間に」と言ってしまって、歌の演奏が始まると、たかじんのトークファンが大勢、席を立った。

それだけ自由奔放なライブをするのに、根は小心だ。

コンサート前は重圧を感じて、しばしば吐く。

ステージの後に意識をなくしたこともある。

ぼったくりバーと分かって店に入り、ビール2本飲んで6万円！カチンときて「ぼったくりバーやったら、1本15万は取れ。生半可なことすんな、ドアホ」と叱り、30万円払って店を出た。

こんな豪傑の逸話があるのに、TVドラマ「新・木枯らし紋次郎」に旅人役で出演した時、雰囲気にのまれて演技できなかった。

才能を見抜く力があり、朝日放送の局アナだった宮根のフリー独立への手助けまでした。なのに、ラジオ「セイ！ヤング」で出会った若き秋元康の場合は、彼の作詞を作文だと決めつけ、相手にしなかった。

ＴＶの料理コーナーで、打合せしたうま味調味料が用意されてないことに怒り、生本番中なのにスタッフと喧嘩して帰った。

そんな短気な男なのに、自宅では10台位の録画機をフル運転させ、我慢強くこつこつと視聴している。

よく当たる「ＴＶ番組の視聴率の予想屋」として。

料理好きで味にうるさく、大阪八尾の旭ポンズがおいしいとほめた所、ヒット商品になった。通販マニアでもあり、たかじんが紹介すると注文が大幅アップする。

おばちゃん受けがよく、イメージと違って面倒見もいい。

藤山直美からの10時間以上の長電話にもキレることなく、機嫌よくつきあうのだから。

（２０１２年３月）

逆境の人に優しいわけは……

やしき たかじん

今月3日に死去し、関西人が心の底から涙しているのが、やしきたかじんである。そのお別れの会を大阪5局が合同で開き、前代未聞の同時中継する計画が進んでいる。また、たかじんを冠にしたTV番組3本とも、名前を残して番組を続けるという。

たかじんの人生は、波乱続きだった。父親は会社社長で、その後継ぎを嫌ったため、父親が激怒し勘当になる。そこで、京都の祇園で一人暮らしを始めた。

まさしく、逆境からのスタートだ。だから逆境の人には優しかった。

安倍首相が政権を放り出し尾花打ち枯らした時、温泉に行こうと声をかけたのがたかじんだった。死去の報に、安倍首相は「本当に悲しい思いでした」。

芸能活動を謹慎していた東国原（そのまんま東）を初めて番組に呼んだのもたかじんで、失敗者の再復帰をしばしばバックアップした。

「人生は負けばかりじゃない。51勝49敗でいい」。

後輩にも気遣った。男の浮気をなじり女の立場を代弁するキャラでがんばる遥洋子には、その強気の裏に隠された哀しさに共感。正月に彼女一人だけ家に招待した。洋子は、結婚祝いの花束を渡したが、夫人から「3日に死去した」と知らされた。

遥洋子の涙の告白「夫人の愛情があってこそ、たかじんはこの2年、生かされました」。
メッセンジャー黒田には、ツッパリで通す子供っぽさが自分に似てると同情。ガールズバー事件で謹慎中に復帰応援を約束し、ＴＶ大阪の番組で実行した。黒田を死の２週間前に自宅に呼び、活躍を祝ってくれた。たかじんの番組司会を一人でがんばる真鍋かをりには、「今後の人生に絶対役立つから、司会に全力を注いでほしい」と遺言した。

鶴瓶とは40年来の仲間《ツレ》で、一緒にヤンチャしてきた。売れた鶴瓶が何度もたかじんに「東京で活躍しろ。応援するから」とつめ寄ったが、頑固に「ＮＯ！」。断りつづけた。

この正月、鶴瓶はたかじんの家に行き、昨秋結婚した32歳年下の夫人と初めて会った。夫人曰く、「イタリア生活が長く、たかじんが一方的にほれて結婚を申し込んだんです」。

鶴瓶は、京都の貧乏時代にたかじんがほれたアキコさんに夫人がそっくりで、ビックリ!!

急いで現在のアキコさん本人に「うりふたつやで」と電話で伝えた。夫人もたかじん本人から「アキコさんに似ている」と聞かされていた。

鶴瓶は、「貧乏な頃にほれた人にそっくりな人と結婚して、その人に抱かれながら死んでいくってすごい幸せやな、と思う」。ちなみにアキコさんは、たかじんの京都祇園の風来坊時代に出会ったきれいな人で、同棲し一緒に喫茶店まで経営した。たかじん自身、人生最後の時まで「ツッパリ」の裏側に隠していた真実の顔は、「純心そのもの」だったのだ。

（２０１４年１月）

おかしな夫婦

山田　花子

夫婦でバラエティ番組への出演が増えているのが、山田花子である。

おかしな夫婦だという評判が高まっている。

きっかけは、ブラスバンドを作るというテレビ番組の企画でトランペット担当になり、レッスンに通い始めたところから。

花子はトランペッターのイメージとして、小太りのデブな人を想像していたが、先生がすらっとしていて意外だった。

でも、人柄としての第一印象は「ロン毛でチャラチャラした男」。

一方、先生は芸能人の花子が自分の生徒になり驚いたが、それ以上にびっくりしたのが「すごく声が小さい!!」。

レッスンに通ううち、「無口な私を上手にリードしてくれる」と大好きになった。

2年くらいして、どうしても想いを伝えたくなり、ラブレターを送った。

先生はびっくり。「手紙が、ひらがなばっかり」。

返事がなく我慢できなくなった花子は、彼の自宅までおしかけ、返事をせまった。

彼は、実は「レッスンの時、脱ぎっぱなしの靴をきちんと並べる」気配りのできる彼女に好感を抱いていて、交際をＯＫした。

そして、ずっと独身でいるつもりだったが「これも縁」と考え、結婚を決意した。

花子は「惚れた弱み」なのか、夫のわがままな要求をのまされている。

「小遣いがわずかなので、キス一回につき、１０００円、夫がもらう」「エッチ一回は、10万円」「夜10時以降の会話は、１時間５０００円」「夫は酒好きで、飲み代やキャバクラ代は花子持ち」「住んでいるマンションも花子が購入」

花子が夫に浮気してるか聞くと「してる」。

夫は女友達に離婚の相談をしていて、離婚したい理由は「花子に向上心がないから」と言い放った。

1年前に長男が誕生した。

夫は「これで逃げられない」とがっかり。

子供が嫌いみたいで子育てを手伝わず、夜泣きをさけて自分だけ防音室で寝る。

さらに長男を見て「花子と同じブタ鼻で幻滅した」。

花子は何を言われても、少女のようなあどけない笑顔だが、いつ我慢の糸がプツッと切れるか、ちょっぴり心配している。

（２０１３年5月）

悲しみを知ってるほど、人を喜ばせることができる。

（ナインティナイン　岡村隆史）

俺はなぁ、死んだら　閻魔様　笑かすわ。

（千原ジュニア）

僕はイタリア語がペラペラなんだけど、意味がわからないんだ。

（高田純次）

●夕刊フジ（全国版）のコラム「今週のご推笑」で、２０１０年12月以降に執筆した原稿に加筆しました。一部、書下ろし、あり。
●この本の出版に関して、夕刊フジ関西総局編集部長の森康成様および産経新聞編集局文化部編集委員の豊田昌継様に感謝致します。

■著者プロフィール

今村荘三(いまむらしょうぞう)

大阪府堺市生。甲陽学院高校、京都大学卒業。博報堂関西支社でTV-CM制作。ACC賞やメイドインオオサカCMグランプリなど広告賞の受賞多数。漫才コント落語講談浪曲オペラ喜劇好き。夕刊フジでコラム連載。新聞や雑誌で演芸評。日本笑い学会理事。日本広告学会会員。大阪芸大・短大客員教授(お笑い論・広告論)

■パネリスト・講演
平成8年12月、大阪府立上方演芸資料館(ワッハ上方)開館記念シンポジウム「大阪の笑いを考える」
パネリスト(吉本興業元会長中邨秀雄・桂米朝・矢野誠一・井上宏氏とともに)(朝日新聞社主催)
平成11年11月、ワッハ上方3周年記念「ダイマル・ラケット爆笑漫才、いま再び」パネリスト(中田カウス・ボタン氏とともに)
平成11年2月～3月、大阪市立弁天町市民学習センターの市民セミナーで、「大阪のお笑い最前線」シリーズ講演。
平成18年6月、日本笑い学会オープン講座「M‐1グランプリに見る漫才の流れ」
平成21年11月、はびきの市民大学「広告業界の最前線」セミナー講演
平成22年9月、優秀映画鑑賞会2010森繁久彌の映画特集／「森繁久彌と喜劇俳優」講演

■審査員
上方漫才大賞審査員(ラジオ大阪・関西テレビ主催／平成17年～)
第35 回上方お笑い大賞審査員(読売テレビ主催／平成18年)
笑いの超新星ファイナル審査員(読売テレビ主催／平成19年、20年)
新野新プロデュース「笑わん会」審査員(ワッハ上方館長、戸田学氏と／平成15年～22年)
彦八まつり「素人演芸バトル」審査員(現在も継続中)

■プロデュースしたライブ一覧
平成7年(隔月開催)～笑いのタニマチ(仁智の新作道場)プロデュース
平成13年9月～平成15年6月、落語クーデターライブ(福車・坊枝・花丸・三若・かい枝・たま)
平成14年10月、綾小路きみまろ・なおゆき(ダックスープ)ライブ(トリイホール)
平成15年12月、モロ師岡ライブ(トリイホール)
平成15年度、第58回芸術祭優秀賞受賞「笑いのタニマチスペシャル仁智ライブ」
安芸純プロデュース「東京ギャグコレクション」大阪オブザーバー
平成18年10月24日～28日、トリイホール15周年記念ライブ総合プロデュース(月亭遊方＆兵動大樹、モロ師岡、すわ親治、旭堂南青、ピンの大王)
〈笑いのタニマチ 20周年記念〉
平成27年7月、笑いのタニマチ リクエストまつり(120回)(天満天神繁昌亭)
平成27年11月、第70回芸術祭優秀賞受賞「仁智の新作ひとり旅」(122回)(天満天神繁昌亭)
〈文化庁芸術祭受賞記念～笑福亭仁智〉
・平成28年5月「笑福亭仁智独演会」深川江戸資料館
(5月ゲスト：柳家三三、9月：春風亭一之輔、11月：三遊亭兼好)
・平成28年7月「笑福亭仁智独演会」なんばグランド花月(ゲスト：笑福亭鶴瓶)

■「漫才通」「お笑い通」「お笑い人生辞典」(浪速社)、「笑う大阪人」「笑いのゆくえ」(東方出版)、「平成お笑い最前線(大阪コーナー担当)」(アスペクト)

好《す》きな芸人《げいにん》がもっと好《す》きになる。
―人生《じんせい》エピソード157―

二〇一六年十二月二十三日　初版第一刷発行

著者
今村荘三

発行者
杉田宗詞

発行所
〒540-0037
図書出版　浪速社
大阪市中央区内平野町二-二-七
電　話（〇六）六九四二-五〇三二
FAX（〇六）六九四三-一三四六

印刷・製本
モリモト印刷（株）

Printed in Japan　　ISBN978-4-88854-501-3 C0076